道徳経簡読本

著　趙妙果
訳　田畑治樹・丁建軍

明徳出版社

序　言

私たちはあなたにこの『道徳経簡読本』をお推めします。『道徳経』は周の時代に起源をもつが、数千年にわたって、『道徳経』の智慧は終始人間の社会文明とその発展を養い育んでいる。『道徳経』を開くということは老子との直接対話である。だから『道徳経』に深く入り込んだ後に、あなたは『道徳経』が一つの尽きることのない宝物であることを発見するだろう！　『道徳経』の中には、生命の法則、社会の法則、宇宙の法則を含んでいて、これは哲学書、治国書、軍事書、経営書、成功指南書、養生書でもあるが、更に「生命の使用説明書」にもなっている。その説明書の中には溌剌とした智慧を含んでいる上に、素晴らしいあなたをもこっそりと隠しているのだ。

『道徳経』を読むには先ず自己を空に放たなければならない。「空《くう》」になって、生命はようやく成功や幸福や円満などを装うことができる。また「空」になって、あなたは時空を超えて老子の思想に連接し、慈悲深いあなたならばひとつの麗しい新世界を流出させることだろう。この夢を実現するためには、生命の価値を補充する「実修」に進まなければならない。実修とは、自己をよく見つめ、欲望を降伏させ、執着を放下し、よく学んで用いることであり、実修は生命の根本問題を解決できるのである。

生命にはプログラムがあり、一人一人の胸のうちには「道《どう》」からの指示があって、各人はみな個々のプログラムに属している。『道徳経』は自然の智慧にとても接近しているので、個体の生命としての完璧さを自然の系統の中に融け込ませることができる。そして一個人が全体との和諧を達成した時、はじめて本当の幸福を感受できるのである。

『道徳経』を読むことは自己を理解し、自己の状態と位置を明白にすることである。また、『道徳経』を読むことは自己の大道の遺伝子を勢いよく活かし、あなたが元来持っている翼を開いて、天の際へとゆったりと飛翔することなのである。

二〇二一年一一月

趙　妙果

道徳経簡読本＊目次

道徳経簡読本

第一章　一切の微妙な事物が生み出される奥深い門

〔第一章　衆妙之門〕
道可道、非常道、名可名、非常名。無名、天地之始、有名、万物之母。故常無欲、以観其妙、常有欲、以観其徼。此両者、同出而異名、同謂之玄。玄之又玄、衆妙之門。

説いて話すことができるような「道《どう》」は、それは永久に変わらない「道」ではない。称して呼ぶことができるような名は、それは永久に変わらない名ではない。「無」、これは天地の根源である。「有」、これは万物の母である。だから、常に虚無の状態であるならば、「道」の奥妙を観ることができる。常に実体を伴う状態であるならば、物事が「道」と接するところの端末を観ることができる。有と無は同じ根源から来ているが、名前は同じではない。すべて奥深く玄妙である。これは玄の又玄の不思議なところ、確かに天地万物の奥妙の門であり、一切の微妙な事物が生み出される奥深い門である。

❖　❖　❖

簡読文（以下略）

第一章は『道徳経』全篇の精髄と大要である。第一章の中で老子は、今までの人類歴史上最高のひとつの概念である……「道《どう》」を提出した。

「道」、これは天地の始め、万物の母であり、未だはっきりと顕れ出ていない「常無」であり、黙々と同じもののない生命の版本を進展し変化させている。「道」は無形無相といえども真実の存在である。私たちが「道」の近くを歩いて「道」を体悟した後に、初めてある種の尽きることのない妙用を感受できるのだ。この宇宙の不可知的な「常無」に対して、私たちは常に畏敬の念を抱かなければならないのである。

『道徳経』が実証する効果が顕現するに伴って、私たちは次第に言葉では言い表せない「妙用」からくる喜悦の思いに浸り、更にこれと一体に融け合って自分を家や国を想う人にさせ、天地のエネルギーである「衆妙の門」に繋がることができる！

第二章　有と無は互いに生まれる

〔第二章　有無相生〕
天下皆知美之為美、斯悪已、皆知善之為善、斯不善已。故有無相生、難易相成、長短相形、高下相傾、音声相和、前後相随。是以聖人処無為之事、行不言之教。万物作而不辞、生而不有、為而不恃、功成而弗居、夫唯弗居。是以不去。

人はみな美の美たるを知っているが、これは醜い存在があるからなのだ。人はみな善の善たるを知っているが、これは善くない存在があるからなのだ。だから、有と無は互いに生まれ、難と易は互いに補い合い、長と短は互いにそれぞれの位置を占め、高と低は互いを引き立て、音と声は互いに調和し合い、前と後ろは互いに従う。これは永遠の法則である。だから、聖人は自然の法則を尊重して物事を扱い、身をもって言葉のない教えで模範を示す。聖人は万物の生長を自然に順応させ、万物を生み育てても所有しないし、あくまでも自然に任せて決して関与しない。聖人は功績があってもそこに居座らないし、名声も求めないから、その功績が無くなることはないだろう。

❖ ❖ ❖

大道が永久に変わらなく絶対的であることを除いて、その他の「有無、難易、長短、音声、前後」等の有形有相の概念に関しては、みな人間が認知して実行するところの取捨選択の目安基準である。実際上、みな相対的であり条件的であるが、それらはお互いの対立や交互に転換する特性の現れでもある。

世の中には決して絶対的な是非善悪はなく、すべての事にはみなその存在意義がある。私たちは心の執着を除き、玄徳を積み重ね、自己を磨くという経験を通して、「利して害さず、為して争わず」という「道」の本性を借用しなくてはならない。

「道」はつかまえて用いるものであり、ただやり遂げて初めて手に入れることができるのである。

第三章　無為の妙用

〔第三章　無為妙用〕
不尚賢、使民不争。不貴難得之貨、使民不為盗。不見可欲、使民心不乱。是以聖人之治、虚其心、実其腹、弱其志、強其骨。常使民無知無欲、使夫智者不敢為也。為無為、則無不治。

賢者を尊重しなければ、人々は勝ちを争って喧嘩をしないだろう。貴重なものに価値を置くことをやめれば、人々は盗みをしないだろう。人の欲望を刺激しなければ、人々の心は混乱しないだろう。だから、聖人の政治を行う方法は、人々の心を軽く清らかにし、人々の腹をいっぱいに満たし、人々の意志を弱め、人々の体の骨格を強健にするのである。常に人々を知識がなく、欲望もない状態にしておいて、聡明な人にも敢えてその才能を発揮させないようにするのだ。一切は自然の法則に従って処理するので、どのような処理をしても良くないことにはならないのである。

❖　❖　❖

本章の主旨は「無為にして治める」である。老子は一枚の絵をゆっくり広げて、人を清明上河図[註]に描かれたような生活に向かわせた。……そこでは人々は名利《みょうり》を争わず、盗みや強奪をせず、違法行為や反乱もせず、完全に素朴で天下太平の素晴らしい光景が見られる。

実際、世の中は当然こうあるべきであるが、この社会の乱相と人生の悩みはみな後天的な欲望が造り出したものである。もし虚栄心を捨て、欲望を節制し、柔和と謙譲の心を持ち、更には生命をいとおしんで体を健康にし、「道」を敬って行動すれば、これらのことは生命の真諦を示してくれるので、自分にとって価値のある「本性と天命の修養」を実現できるのである。

だから、老子が説くところの「賢者を尊重しない、貴重なものを重視しない、人の欲望を刺激しない」とは、大道の単純な修行の秘訣であり、なし遂げたら無為妙用の不思議な作用を収穫できるのだ！

※註、北宋の都開封の賑やかな情景を描いた図。庶民の幸せな日常生活が活写されている。

第四章　道の体は空虚である

〔第四章　道体虚空〕
道沖而用之或不盈。淵兮似万物之宗。挫其鋭、解其紛、和其光、同其塵、湛兮似或存。吾不知誰之子。象帝之先。

「道」は見たところ虚空のようであるけれども、その作用は無尽蔵なのだ。「道」の深さを測ることはできそうもないが、まるで万物の始祖のようだ。それは常に才気を現さないが、いつも繁雑なものを簡単なものに変えてしまう。それはいつも光明を伴っているが、ほこりや垢とも一緒にいる。「道」は幽遠で不思議そうだけれど、隠れているようでもそこにあるようでもある。私はそれが誰の子かは知らないが、天帝以前からあったようだ。

❖　❖　❖

「道」の最大の特徴はすべてに行き亘っていて危険でもないが、反対に向かうのが「道」の動きであり、そのため虚空である道体は、永久に満ち溢れないのである。私たちがもし大道を見習うべきとするならば、随時自己の能力を清く保持し、素朴で利他的に物事を行うことが必要で、これがまさしく幸福円満になる最大の秘密なのである！

人生の最も重要な修行は次の文言、すなわち「その鋭さを挫いて、その紛《もつ》れを解き、その光を和らげて、その塵に同じくする」にある。これは私たちからあらゆる凶悪さや、自ら露呈してしまいそうな邪念や振る舞いを全部磨き落とすことができるが、このようにしてこそ落ち着いてしっかり物事を行う中にあって、実効のある真の修練を強化できるのだ！

第五章　偏りなく扱う

〔第五章　不偏不倚〕
天地不仁、以万物為芻狗。聖人不仁、以百姓為芻狗。天地之間、其猶籥乎。虚而不屈、動而愈出。多言数窮、不如守中。

天地には仁愛の心というものはなく、万物の本性に自然な生長と衰亡を任せている。聖人には仁愛の心というものはなく、人々の天性に自然に生活することを任せている。天地の間はまるでふいごのようではないか？　空っぽではあるが尽きることはなく、動けば動くほど活力はますます増大する。言葉が多いと困窮するだろう。虚と静の無為の状態を守っているのがよいのだ。

❖

❖

❖

老子が褒め称えるのは、大道の「天地は仁ならず」的な公正な品格、及び「動けばますます多く出てくる」的な利衆精神である。「天地は仁ならず」とは、「道」の本性は無我なので親疎遠近の区別がないのである。「動けばますます多く出てくる」とは、絶え間のない貢献や放下のことであり、放下すればするほど、ますます空性となり、育成する世界もますます大きくなる。

人生にあってはあらゆる空間を満たす必要はなく、そうしてこそ自在な生長が可能となる。だから、「有」を追求しても永遠に終わることはなく、やはり先に「無」を学び追求することには及ばないのである。然る後、「無」の中から絶え間なくとぎれのない「妙有」が生まれ出るのだ！

静黙には特別な力があり、一切の喧騒が静まり止んだ後もその作用は依然として働いているが、見えるか見えないかは別として、直接人の心の深いところに達する。

第六章　天地の根本

〔第六章　天地之根〕
谷神不死、是謂玄牝。玄牝之門、是謂天地根。綿綿若存、用之不勤。

万物を養い育てる「道」は永遠の存在であり、これは玄妙の母親と称されている。玄妙たる母性的な門は、天地万物を化育（変化させ育成する）する根源である。綿々として絶えることなく長く存在し、永遠にその働きは尽きることがない。

❖　❖　❖

「道」は宇宙万物の母性的力量を広大に生じさせているが、これを「玄牝」と称する。「道」はまた天地の運行作用の源でもあるが、これを「天地の根」と称する。世間万物は

「道」を本源とするけれども、万物は本源に繋がってはじめて、生々として止まらない。

「道」は法則であるが道の特性は「徳」である。そのため修道は必ず先に徳を修めなければならない。一個人が持っている徳は、身上において「道」が作用する生き生きとした力を明らかに示すのである。人は実修実証してこそ行為の中に玄徳を積み、生命は深く根を固めることができ、力量はいつまでも絶えないのである。

人生の中で、天地は私たちの生命の根であり、国家も私たちの生命の根であり、家庭も私たちの生命の根である。一人一人はみな関係の中で成長するが、この関係の中では私たちと父母の関係が一切の関係の基礎である。だから、あらゆる関係はみな私たちと父母の関係の復刻版といえる。問題が生じた時に私たちがしなければならないことは、家に帰って父母との関係を修復することであり、このようにすると往々にしてチャンス到来となるのだ。

第七章　超然として心を動かされない

〔第七章　超然物外〕
天長地久。天地所以能長且久者、以其不自生。故能長生。是以聖人、後其身而身先、外其身而身存。非以其無私耶、故能成其私。

天地は長久（永遠に変わらないこと）である。天地が長久である理由は、天地が自己の生存を追求しないからである。だから長久の存在なのだ。聖人は自己を人の背後に置きながら、反って人の先になる。自己を度外視して、反って自己の身を保全できるのである。わが身を忘れることは正しくないのだろうか？　正しいから自己を完成できるのだ。

❖　❖　❖

『道徳経』の中には天長地久（天地が永遠に変わらないこと）の宇宙の法則を隠してい

るが、さらに争わないで勝つ成功の法門も隠し持っている。悟道の過程は、たとえ絶え間なく煩悩を消し去る過程であろうとも、自由に人情の機微に触れながら生きて、愛と喜びに及ぶ過程でもある。但し、もし名利得失を手放すことができないのなら、得道することは不可能なのだ！

天長地久を修める秘訣は、「天地は無私だから長久」にある。人は有私だから短暫《たんざん》（短くてあっという間）である。本章の中で老子が指摘する「その身を後にすることや、その身を外におくこと」とは、まさに生命の頂点に通じる最良の近道なのである！

天地間の最強の力は心の度量である。自ら発心して他の人を許し、他の人を助けることは、自己に内在する偉大な能力の発展を助けてくれるのである。一個人が私を離れれば離れるほど、反って自己をますます完成できるのである。

第八章　水を道に喩える

〔第八章　以水喩道〕
上善若水。水善利万物而不争、処衆人之所悪、故幾於道。居善地、心善淵、与善仁、言善信、政善治、事善能、動善時。夫唯不争、故無尤。

最も善なるものは水のようである。水は万物に栄養を与えるが、万物と争うことはなく、人の嫌がるところに居る。だから、水の行為は「道」に近いのである。人々は居住するにはそれに適した地を選び、心は虚と静が大切で、交際と往来は心を込めておおらかに行う。話は誠実にして信義を守り、政《まつりごと》はよく治まるのをよしとし、事を行うには有能であるのがよく、行動するには時期を把握しなければならない。こうすれば万物と相争うことがないから間違うことはない。

❖　❖　❖

「上善水の若《ごと》し」とは、天地大道の精神を明らかに示している。水は利他にして謙虚、機敏にして温和、誠心にして素朴、さらには勇猛的精神も備えているが、これらはみな私たちの健康と幸福と成功の必要十分条件でもある。「道」の最大の特質は万物を助けてもその報いを求めないことにあるが、人生最大の資本もまた他の人を助ける能力を持っていることである。私たちが他の人を利益し潤す時、天地もまた私たちの生命を利益し潤しているのである。

「道」を得た人は難解な人のようには見えないはずである。その人は水のようであり、いつも万物を利益し、同時に甘んじて低位に居て、善し悪しを争わない。不争とは事に当たらないということではなく、水にあるような七つの善い性質を明白にすることに専念し、そうして最後までやり遂げることである。実際、このように万事を最後までやり遂げられる人は、ただ自我と執着を放下しているのに過ぎないのである。まさに不争なので、かえって誰もこの人と争えないのだ！

第九章　物極まれば必ず反る

〔第九章　物及必反〕
持而盈之、不如其已。揣之鋭之、不可長保。金玉満堂、莫之能守。富貴而驕、自遺其咎。功遂身退、天之道。

あふれるほど持つような事はやめた方がよい。矛先を尖らしてもその状態を長く保つことはできない。部屋に貴重品が満ち溢れていても、誰がそれらを守り通すことができるだろうか。富貴ではあっても傲慢不遜でいると、不幸を招くだけだろう。仕事を成し遂げて身を引けば、天道と一致できる。

❖　❖　❖

宇宙の法則によると、万事万物の相生相化（互いに生じ互いに変化すること）にはみな

「度合」の作用が生じていて、いかなる事もひとたび度を超すと必ず反対の方向に向かって進展する。これだから事に当たっては、くれぐれも過分、過度、限度を避けて必ず適当なところで止めるべきである。そうでなければ必然的に自業自得の結果となる。「度合」を把握できることは大きな智慧であるが、この智慧は行為の中から少しずつ磨き出てくることが必要である。

実際、「水は満ちれば溢れるし、月は満ちれば欠ける」ことが道理であることを人々は理解している。ところが、大多数の人は相変わらず名利を享受したい欲求を抑制できないで、自分を深い泥沼に陥れてしまう。そうなってしまうと、そこから引き上げる方法はないのである。これに対して老子は、どんな時でも、どんな功績をあげても、そこに居座らないという一つの秘訣を与えた。

人がもし功績に居座らなければ、多くの面倒な事から免れることができる。もし、「居座る」ということに連なる概念をすべてなくしてしまえば、自身を修めることに専念できて、旧態を絶えず刷新できるのである。天人合一の心を習得できれば、このような人は俗世にあっても自在に円満に生きていけるのである。

第十章　玄徳を修める

〔第十章　修養玄徳〕
載営魄抱一、能無離乎。専気致柔、能嬰児乎。滌除玄覧、能無疵乎。愛民治国、能無知乎。天門開闔、能為雌乎。明白四達、能無為乎。生之畜之、生而不有、為而不恃、長而不宰、是謂玄徳。

迷える肉体を安んじて無欲となり、身心を合一して離れないでいられるのだろうか？　呼吸を一定に保持し身体を柔軟にして、嬰児のようになれるのだろうか？　心を洗い清めて、小さな欠点まで除くことができるのだろうか？　人を愛し国を治めるのは、ことさらなことはしないという自然の法則に合っているのだろうか？　天門が開いたり閉じたりしても、虚と静を保っていられるのだろうか？　あらゆることによく通じていながら、計略を用いないでいられるのだろうか？　万物を養い育て、造化させてもそれを占有せず、万物の成長を推し進めてもそれの支配者とはならない。これを玄徳と呼ぶ。

❖　❖　❖

成功の秘奥は「玄徳」の二文字にある。所謂「玄徳」は世人の知る状況下にはないが、黙々と真心をもって国のため、社会のため、天地衆生のために行う大きな善行《ぜんこう》のことである。

本章中で老子は六つの反問句を順々に用いて、玄徳の特徴を詳細に簡述して私たちに教えた。「抱一、柔弱、覚知、無為、処下、無知」、この六つの特徴を備えた人が玄徳の人である。このような人は永遠に自己を内視し、自己を完全なものにし、自己を捧げるのである。彼が何も求めなくても、世界は最も得難い自在性と円満を彼に献じてくれるだろう。

第十一章　有と無は相対している

〔第十一章　無之為用〕
三十輻共一轂、当其無、有車之用。挻埴以為器、当其無、有器之用。鑿戸牖以為室、当其無、有室之用。故有之以為利、無之以為用。

三十本のスポークが一つの車軸の周りに集まり、スポークの間に中空の部分ができ、車輪が回って車として使用できる。粘土をこねて陶器を作ると、その器は中空だから物を収納することができる。家は出入り口や窓を開けて建てるので、その中に部屋ができて人が住める。「有」が人に便利な効用を与えられるのは、「無」の最大の働きがあるからなのだ。

❖　❖　❖

通常、人間はみな実物の作用を重視するけれども、老子はこれに対して虚空の効力を重ねて強調している。同時に老子は有無が大変重要であると説いたのだ！「有」はあるものの、依然として「無」から取り出されるのである。「無」だからこそ、「有」を生産作用の先決条件にできるのである。

人がもし自分一人が正しいと思って落ち着かないで居るところに、他の人が真心からその人に向かって問題を指摘した時、すぐさま反駁するならば、その人は「道」の器でないことを肯定していることになる。そのため、その人の生命の通り道はすでに塞がれていて、その人の心身の環境は変質し、生命の質量も下降を開始している。……人の胸中の「無」がますます大きくなってはじめて、成果はますます大きくなるのだ！

空無、これは人生の最高の境地であり、空のコップには水を入れることができ、空の部屋には人が住めるのである。自分の心を「無」的広大な境地にしてはじめて、自身の空間に人や物を容れることができ、成功する人生をつくれるのである。

第十二章　奢多をやめて淡雅を取る

〔第十二章　去奢取淡〕
五色令人目盲、五音令人耳聾、五味令人口爽、馳騁田猟、令人心発狂、難得之貨、令人行妨。是以聖人為腹、不為目、故去彼取此。

五つの色は人の目を惑わせ、五つの音は人の耳を駄目にし、五つの味は人の口を損なう。気が向くままに狩りをすると、人は心を狂わせてしまう。珍しい物はいつも人を張り合うようにする。だから、聖人は内を務めて外を務めないことを主張し、外物の誘惑を捨て、固有の天真なるものを確保するのである。

❖　❖　❖

色彩、音楽、飲食、運動、財貨等は、みな人に必要なものである。ただ、もし過度に

「目にまばゆいもの、聞いて気持ちのよいもの、おいしい食べ物、動物の狩猟、愛玩物」などを求めると、身を損ない命を害し、甚だしきは社会をも害してしまうだろう。

感覚器官上の享楽と刺激に溺れると、人の欲望は果てしなくなって最後には正道を外れてしまう。人間は清心寡欲な考え方と生活の仕方を選んではじめて、生態をバランスさせ、世界に平和、家庭に和諧、身体に健康をもたらし、そして前途はさらに光明となる！

人の一生で最良の生き方は極端を除くことにある。但し、修行する力のかなり高い人にしてこそ、注意力を外界から自身に回すことができ、精気神※註を内に向けて凝集し、最後には自在で平和な境地に達するのである。心を修め自身を正すことは何時から始めても遅くはない！　ただ、抱一（道に従う）する精神が必要であるが、だれでも至れるのだ。

※註、略述すると精は精力とかエネルギーのこと、気は元気とかの気、神は神経や意識とかの意味。

第十三章　自己に対処するように世界に対処する

〔第十三章　天下如己〕
寵辱若驚、貴大患若身。何謂寵辱若驚。寵為下、得之若驚、失之若驚、是謂寵辱若驚。何謂貴大患若身。吾所以有大患者、為吾有身、及吾無身、吾有何患。故貴以身為天下、若可寄天下。愛以身為天下、若可託天下。

恩寵を得ることと屈辱を受けることは、どちらも人の心を恐れおののかせる。寵辱《ちょうじょく》の得失を重んじるのは我が身を大切にするのと同じである。寵辱が我々をおののかせるとはどういうことなのか？　恩寵を上のものとし、屈辱を下のものとして、恩寵を得ては驚き喜び、恩寵を失い屈辱を受けては慌てふためいている。つまり、これを「寵辱は恐れおののくが如し」という。なぜ禍を重んじることを我が身の如くとするのか？　我が身に大きな災禍があるわけは、我が身があるからなのだ。もしそのような身体がなければ、私はどのような禍に会うというのだろうか？　だから、身体を宝物のように大切にするのと同じように天下を宝物のように大切にするのならば、そのような人に天下を託すことができる。自己の生命を愛護するのと同じように天下を愛護するのならば、そのような人に天下を託すことができるのである。

❖　❖　❖

生活する中で、大多数の人はみな自分に関する寵辱《ちょうじょく》や毀誉《きよ》を大変重視するが、甚だしいことに一部の人は生命に比べてこれらのものをより重んじてしまうのだ！　しかし、老子が本章の中で私たちに逆に要望していることは、一人一人がみな独立した人格を当然のように持って、正しく生と死に対応するべきであり、このようになって個人の損得に拘る苦痛から抜け出せるということである！

一個人がもし自分のすべてを社会や世界に供与しても自身の得失に拘らない時、反って至高この上ない尊厳な人格を獲得するだろう。また、この世界と一体になった人にしてはじめて、世界のために大患（名位貨利等）を取り除くことができ、世界から頼られる存在

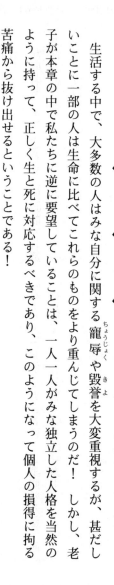

になれるのである。ここに人の天命と使命があるのだ。

一人一人の体はみなすべてに繋がっている一つの小宇宙であるが、内側には二つの大きな門があり、ひとつは高次元に向かい、もうひとつは低次元に向かっている。あなたが博愛、忠誠、謙虚な路を歩く時、あなたは高次元の世界に連なっているが、更に「天地と共に生きている」というエネルギー圏を築きあげているのだ！　一切はみな自身の選択によるのである。

第十四章　道の形態は恍惚である

〔第十四章　道態恍惚〕
視之不見、名曰夷。聴之不聞、名曰希。搏之不得、名曰微。此三者不可致詰、故混而為一。其上不皦、其下不昧。縄縄不可名、復帰於無物。是謂無状之状、無物之象、是謂惚恍。迎之不見其首、随之不見其後。執古之道、以御今之有。能知古始、是謂道紀。

見ようとしても見えないもの、これを「夷」という。聞こうとして聞こえないもの、これを「希」という。手で触れようとしても触れないもの、これを「微」という。この三つのものをはっきり問い詰めることはできないから、渾然一体なものなのである。上面だからといって明るいわけではなく、下面だからといって暗いわけでもない。ずっと続いていて絶えることなく、名状のしようもなく、虚無の世界へと帰っていく。これは形状のない形態、物のかたちのない形象と呼ばれるが、これを恍惚（ぼんやりしたもの）と呼ぶのだ。

古からの大道を堅持して、現在の万事万物のありようを把握する。そうすると宇宙の始まりを認識できるが、これを「道」の綱紀というのである。

❖　❖　❖

本章中、老子は道自体の属性は「無」であるという重大な命題を押し進めた。この「無」は私たちには感知できないけれども、真実の存在であり、それは見ようとしても見えないし、聞こうとしても聞こえないが、まねのしようもない「混じり合って一つのもの」である。この「無」は空間や生命とは異なる存在ではあるが、間断なく創造作用を起こしている。

「道」の法則に従って人のために世間で暮らしてはじめて、私たちは現実の中に在って、「道」の力の及ぶ所を感受できるのだ。「無」の中に在ってこそ、私たちは深く静かになり、精を聚め神を集め、無窮無尽となれるのである。そんな私たちが体悟する大道は出会うどんなものにも拘わらず、みな尽きることのない妙用を生み出している。

人生は一場の修行であり、修めるのは無形無相的な創造の心、広大な心、つり合いの取れた心である。心が柔弱になって、一切が完全に整うのである。

第十五章　謙虚に道を行う

〔第十五章　為道謙恭〕
古之善為道者、微妙玄通、深不可識。夫唯不可識、故強為之容。豫兮、若冬渉川。猶兮、若畏四鄰。儼兮、其若客、渙兮、若冰之釈。敦兮、其若樸。曠兮、其若谷。混兮、其若濁。孰能濁以静之、徐清。孰能安及久動之、徐生。保此道者、不欲盈。夫唯不盈、故能蔽而新成。

古代の「道」によく従う人は、道理に明るく深いところにまで精通していて、その深さを誰が分かるのだろうか？　誰もこのことを認識できないから、彼の外面に現れる姿を描いてみよう。慎重なことは、冬の日に氷の張った川を渡るようだ。躊躇していることは、近隣に迷惑をかけることを恐れているようだ。表情が厳粛なことは、客人になっているようだ。自在なことは、氷のつららが溶けるようだ。正直で真心のあることは、純朴で自然なようだ。度量が大きくのびのびとしていることは、深山幽谷のようだ。混沌としていることは、濁っている水のようだ。誰が濁りを清らかに澄ませることができるのか？　ただ静かにしていれば段々と澄んでくるのだ。誰がこの安定状態を続けられるのか？　安定状態のままで動いて活力も生み出すのだ。このように「道」を保持する人は、自ら満ちることはないだろう。自ら満ちることがないのだから、古いもののよい所を残し、新しい方向へ発展させることができるのである。

❖　❖　❖

人生にあっては必ず大自然を師とし、また多くの人も師とするべきである。老子は本章で生活の中に常に見られる現象を例として、「善《よ》く道を為す者」の優れた品格をはっきりと描いている。すなわち天地自然や多くの人が行う世事を、みな私たちが学習するところの手本としているのだ！

『道徳経』の各章には方法があって、一つ一つの方法はみな大道に向かって通じる一つの門のようだ。本章の重点は自己を修練する「七つの心」と「ふたつの能力」である。七つの心とは、慎重な心、畏敬する心、恭敬する心、厳粛な心、質朴な心、広大な心と、包容する心である。二つの能力とは、すなわち汚濁を化して清らかに澄みきったものにする能力と、安逸を化して生気を蘇らせる能力である。

世間には絶対的な清と濁、静と動はなく、それらはみな相反的であり共存的でもある。このため、濁の中に在っても真の清を修めて出せるし、動の中に在っても真の静を修めて出せるのである。このことが意味しているのは本当に非凡な人にして、はじめて平凡さを守っていられるということである。「道」に従う者の「道」に対する探求には終わりがないが、「盈ることを望まないこと」を守っていればこそ、古いものを新しいものにできて、生命力も満ちてくるのである。

第十六章　虚静で根本に帰る

〔第十六章　虚静帰根〕
致虚極、守静篤。万物並作、吾以観其復。夫物芸芸、各復帰其根。帰根曰静、静曰復命。復命曰常、知常曰明。不知常、妄作凶。知常容、容乃公、公乃全、全乃天、天乃道、道乃久、没身不殆。

心を空虚にすることを極め、心の清静を固く守っていると、万物はみな生長するけれど、私にはそれが循環往復している姿に見えるのだ。万物は色々な変化をするが、最後にはすべてその根源に復帰する。根源に回帰することを「静」というのであるが、静となって本来の状態（使命）に戻るのである。本来の状態に戻ることを常道というが、常道を知ることとは事理を明白にできることなのだ。この常道を認識しないと、むやみに行動して不幸な禍に遭遇してしまう。常道を知れば、包容することができ、包容することができれば、すべては公平になる。すべてが公平になれば、普く行きわたる。普く行きわたれば、自然と一体になれる。自然と一体になれば、大道に一致する。大道に一致すれば永久である。この道理を理解すれば一生危険に遇うことはない。

❖　❖　❖

人は必ず「道」に従って行うべきであり、人に対しては大きな気持ちで対応し、処世に対しては公正無私で向き合って、初めて「虚静帰根……虚と静になって自分の根本に帰る、帰根復命……自分の根本に帰って使命に従う」ことができるが、これはまさに生命の根本的な法則である。

人生の最重要な二つのこと、それは「よく生きて、うまく死ぬ」ことに過ぎるものはない。この二つのことには「七つの修練」が必要である。すなわち、「常を知れば容（包容）なり、容はすなわち公なり、公はすなわち王なり、王はすなわち天なり、天はすなわち「道」なり、「道」はすなわち永久なり、身を没《お》うるまで殆《あや》うからず」である。この七つの修練は順を追って進み、個人的な修身養生から始まって、私欲に打ち勝って公事を重んじる行動に至り、さらには生命の探索と大道の参悟に至るのである。最後に私たち自身が浩然の気を修めて現した時、心の花は輝いてほころび、生命はまさに天長地久となるのである。

内実の伴わない乱世では、静なる者が勝つ。生命の力量は「静を篤く守る」ことにあり、人心が静まり返った後にすべては自から具足し、外に向かって探し求めるには及ばなくなるのである。

第十七章　我は自然

〔第十七章　我即自然〕
太上下知有之。其次親而誉之。其次畏之。其次侮之。信不足焉、有不信焉。悠兮、其貴言。功成事遂、百姓皆謂我自然。

有道の君子は、人民はその存在を知っているだけである。その次の君子は、人民は親近感を持ち、賞賛する。さらにその次の君子は、人民は恐れる。最下等の君子は、人民は彼を侮り、侮辱する。上にいる者に誠実さが足りないと、人から信任されることはない。だから、言葉を発する時は慎重さを重視するべきなのだ。そのようにして大きな事業が完成しすべてをやり終えると、人民はみな「私たちは本来こうなのだ」と言うであろう。

❖　❖　❖

老子は「管理モデル」を四つに概括したが、指摘した「道で治める」とは、まさに最も完美で究極の境地である。「道」で治める者は、無私にして貢献的な度量と「道」に従って行動する能力を具備していなければならない。彼らは自分のために生きるのではなく、天下庶民のために生きていくのである。また彼らは父母のため、祖国のため、社会大衆のため、天地衆生のために生きるのである。彼らは生涯一つの事を行う、つまり大きな慈悲心と情熱を持って世界の人をもてなす公事を行うのである。

ここにあって、老子は特別に「信」の重要性を強調するのだ！　人に対しては、言ったことを実行して信頼を得るのである。生命に対しては、客観的な法則を厳格に守り抜くことが必須である。もし「道」において信を失うと、自分の使命をも忘れてしまい「道」とも分離してしまう。このような人は、本当の生命の成功体験なるものを獲得することはできないのである！

第十八章　道を失えば反対に行く

〔第十八章　失道走反〕
大道廃、有仁義。智慧出、有大偽。六親不和、有孝慈、国家昏乱、有忠臣。

大道が廃れると、仁義が現れた。智慧が現れると、偽りが生じた。親族が円満でないと、孝行と慈愛が現れた。国の政治が混乱すると、所謂忠義の臣下が現れる。

❖　❖　❖

老子は早くも二千数百年前に人間を次のように戒めたのである。大道が廃れると、社会に多くの病が流行するのだと！　これは根を切られた樹木と同じで、たとえ花と葉がそのまま繁茂していても、枯れるのは遅かれ早かれということである。

一般の人にとって、「仁義、智慧、孝慈、忠臣」の語句には善と美が満ちているらしい。

けれども、老子はそれらの語句の出現が、道徳の衰退と人心の変貌をよく説明していると指摘した。だから、世相が素朴で「道」が天下に行われている時は、「仁義孝慈」を言行の中にわざわざ持ち出して奨励する必要などなかったのだ。水は大海の水中にあってその貴重さを見せないのと同様に、人道が天道にぴったり合っている時は、人々にはみな厚徳があるので、その上どんな才能（賢者）を尊重する必要があるのだろうか？

老子は世間にある「仁義」の仮面を二つに裂いたけれども、決して仁義を排斥したわけではなく、「道」によって生じる本当の仁義に戻ることを望んだのだ。みんなが本来の素朴な状態に戻って「道」に順じて行う時、はじめて天下太平に復帰し人間は幸福で健康になれるのだ！

第十九章　利己心を少なくして欲望を少なくする

〔第十九章　少私寡欲〕
絶聖棄智、民利百倍。絶仁棄義、民復孝慈。絶巧棄利、盗賊無有。此三者以為文不足。故令有所属。見素抱朴、少私寡欲。

偽善や才智を絶ち切れば、人々は何倍もの利益を得るだろう。まやかしの仁愛と正義を絶ち切れば、人々は本心から孝行や慈愛を回復するだろう。詐欺や私利を絶てば、盗賊が出現するはずがない。しかし、この三つのことは布告を出すだけでは不十分なのだ。人々の心の中にしっかり根付かせなければならない。そうすれば、本来の素朴さを堅く守って、私心を減らし欲望を少なくすることができるのである。

❖　❖　❖

「見素抱朴…外面はそのままで、純朴さを保持する、少私寡欲…私心を減らし、欲望を少なくする」とは、老子が発する耳が遠い人でも聞こえるような警句であるが、これは老子が社会の悪弊を診断した後に、明確にして与えた対症の良薬である！

「聖」と「智」は世間の人の尊重するものであるが、「巧」と「利」は人間の好むものである。ところが、これらは折り折り合いが悪く、度重なる矛盾と絶え間のない紛争を引き起こしてしまう。実際、「聖」と「智」は他人の口中にあるのではなく、自己の行動の中にあるのだ。「巧」と「利」は生命にとって余分なものを増すだけで、精神の負担を減少させることはできない。これに対して老子の管理プランは「三絶三棄」である。すなわち、凡そこの生涯は「よく生きて、うまく死ぬ」ことにあるのだから、必要としない物は全部躊躇しないで捨ててしまうべきなのだ！

本章は歯切れよくはっきりと述べられていて、文字には千鈞の重みがあり、老子の視線は千万年も通り抜け、さらには多方面にも浸透している。もし、静かな心でよく読んで悟ったならば、ちょっと感じてみてみよう。あなたの胸中にエネルギーが浸透して湧き出しているかどうかを？

第二十章　自ら解脱する

〔第二十章　自我解脱〕
絶学無憂。唯之与阿、相去幾何。善之与悪、相去何若。人之所畏、不可不畏。荒兮、其未央哉。衆人熙熙、如享太牢、如春登台。我独怕兮、其未兆、如嬰児之未孩。累累兮、若無所帰。衆人皆有余、而我独若遺。我愚人之心也哉。沌沌兮。俗人昭昭、我独昏昏。俗人察察、我独悶悶。憺兮、其若海。飂兮、若無止。衆人皆有以、而我独頑似鄙。我独異於人、而貴食母。

最も良い学問とは、人の心に憂慮を起こさせない学問である。服従することと反抗することとはどれくらいの差があるのだろうか？　善良と醜悪とはどれほど離れているのだろうか？　人々が恐れるところは恐れないわけにはいかない。これは荒唐無稽なことではあるが、元来原則などないのだ。みんなは喜び勇んで盛大な宴会に参加しているようだ。また、花咲く春の日に高台に登って楽しんでいるかのようだ。ただ私一人、茫然としていて何の兆しもない。混沌としているのは、生まれたばかりの赤子のようだ。揺れ動いているのは、戻るべき家がないようだ。人々はみなゆとりがあるが、ただ私一人は何も持っていないようだ。私の心は愚か者の心理と同じなのだろうか！　世間の人はみな明白に見えるが、ただ私一人、ぼんやりとしている。世間の人はみな聡明に見えるが、ただ私一人、正直者のようだ。漂っているのは、深く測ることのできない大海のようだ。放浪しているのは、とどまらない疾風のようだ。人々はみな才能を発揮しているようだが、私はかえって頑固で何も知らないようだ。私一人が他の人と違っているところは、ただ万物を養育する母親を特別に尊重しているに過ぎないことなのだ。

❖　❖　❖

この一章で老子は自己との対話を通して世間の人のことを思考している。「人生はどの路を選ぶべきか?」と。

人が名利と財産だけを重視してそれが段々と増え広がると、それに従って道徳が低下し精神も荒れてしまい最も恐れる事態となる。反対に一個人が少私寡欲で、気持ちも高遠になって着実に悟道を探し求めれば、その人は大道の門を開いて幸福な人生の源泉につながるのだ。

通常、多くの人の考え方は外散的であるが、有道者のそれは内に向かって凝集し、自身を生まれつき持っている精気神との合一状態に戻すのである。有道の人は、愚人の心をもって、不愚の精神を守っている。このようにしてはじめて「道」の中から養分を吸収し、身をもって人生を体験観察して、生命の超越と昇華を実現する。

あなたはどの路を行きますか？　これは一人一人が自分で踏み出すことなのである。

第二十一章　ただ道にこれ従う

〔第二十一章　惟道是従〕
孔徳之容、惟道是従。道之為物、惟恍惟惚。惚兮恍兮、其中有象。恍兮惚兮、其中有物。窈兮冥兮、其中有精、其精甚真、其中有信。自今及古、其名不去、以閲衆甫。吾何以知衆甫之状哉。以此。

大きな徳の姿は完全に「道」に従っている。「道」はある種の物質であるが、恍惚なるものである。それはおぼろげであるが、その中に何かしっかりした象《かたち》がある。おぼろげであるが、その中に物がある。深遠ではっきりしないが、その中に精気があり、この精気は真実の存在であり、その中に真実の証しがある。太古から今日に至るまで、「道」という名は消えたことはなく、私たちはどうすれば万物の変化する状況を知ることができるのだろうか？　それはこの「道」によってである。

❖　❖　❖

「道」は物、象《かたち》、精（気）、信（証拠）によって混合して成るものであり、万物を化生する母親である。「道」は創造、広大、平衡という功能を持つ存在であり、これは物質的、実在的、精神的、虚無的な存在である。老子はこの「道」をすすんで観察し、万事万物が発展し規律するありさまを理解し把握した。

どのような時代、どのような所でも、みな最初に「道徳」を推し進める。道徳があってこそ家庭は和諧し、社会は安定し、国は繁栄する。但し、もし徳を説くだけで「道」を論じなければ、本末転倒になってしまうのだ。「道」は法則であり、徳は法則によって事を行うのである。徳は「道」によって生じ、「道」によって支配され、ただ「道に従うばかり」なのである。

「道」は徳の根であり、もし「道」を修めなければ、徳は何処から来るのだろうか？　厚い徳がなければ、どのように物を載せることができるのだろうか？　だから、「道と徳」の因果関係に注意を払えば、私たちは目には見えない天地の力を見ることができる。これはまさに徳を修める近道の過程である。

第二十二章　互いに相反しながら、互いに成り立たせ合う

〔第二十二章　相反相成〕
曲則全、枉則直、窪則盈、弊則新、少則得、多則惑。是以聖人抱一為天下式。不自見、故明。不自是、故彰。不自伐、故有功。不自矜、故長。夫唯不争、故天下莫能与之争。古之所謂曲則全者、豈虚言哉。誠全而帰之。

曲がりくねっているからこそよく保全され、かがんでいるからこそ真っ直ぐに伸びられ、窪んでいるからこそ満たすことが可能であり、古くて破れているからこそ新調できる。少なく得ることを望むからこそ逆に多くを得られ、多くを貪ると反って惑うことになる。だから、聖人は「一」を用いて天下を統治する。自分の見解に固執しないから万事に明察となり、自ら正しいとしないから人から称えられ、自ら誇ることもないから功徳が積み重ねられ、自分が大きいとも思わないから長続きができる。他の人と争うこともないから誰も

彼と争うことができない。古の人がいう、委曲求全（全体がうまくいくように細いことは譲歩する喩え）がどうして空言なのだろうか！　それは着実に、人を本当に「道」に回帰させてくれることなのだ。

❖　❖　❖

本章にある「六つの則（すなわち）」のはっきりした現象は、本質を明らかに示しているが、これは老子の弁証思惟的な智慧の結晶である。その中の「曲がりくねっていれば、則ち全うできる」とは、老子の無為の思想に代わってすべてを語っている。「曲」は宇宙の運行の軌道であり、反対方向に向かって進んでいるように見えても、最後には反って正常になるのだ。だからもし思いつくならば、まず先にゆだねることを学んで、対立する側とよく同居できれば、初めて本当の収穫が得られるのである。

聖人は抱一して精進し、天下の規範となる。「抱一」は偉大な宇宙の法則であり、宇宙全部の情報はみな「一」を用いてはっきり述べることができる。この「一」とは「道」のことであり、表と裏を抱いて、表裏合わせて一となる。「抱一」は万物の本源を抱え持っていて、自在でなめらかな幸福な生命の根本である。

もし、私を去って妄想も取り除くことができれば、人々は自分をみせびらかしたりせず、自分を正しいとせず、自分を誇らず、自分に自惚れなくなるだろう。そうして、自己の内にある聖なる徳が君主の気になって外に顕れて出る、……まさに「争わず」の徳によって、世界の誰もがこの人と相争うことはできないだろう。

第二十三章　徳を求めれば、道に近づける

〔第二十三章　求徳近道〕
希言自然。故飄風不終朝、驟雨不終日。孰為此者。天地。天地尚不能久、而況於人乎。故従事於道者、道者同於道、徳者同於徳、失者同於失。同於道者、道亦楽得之。同於徳者、徳亦楽得之。同於失者、失亦楽得之。信不足焉、有不信焉。

多くを語らない方が自然に合致している。荒れ狂う風も早朝までには止み、暴雨も一日中降り注ぐことはない。誰がこのようにしているのか？　それは天地だ。天地でさえ物事を支配しようとしても長く持続できないのに、況や人においてはどうだろうか？　だから、「道」を歩む人は「道」に合わせ、徳を行う人は徳に合わせる。「道」と徳を行わない人は、「道」と徳も失ってしまうだろう。言行が「道」と符合する人は、「道」もまた楽しんでその人に伴ってくれる。言行が徳と符合する人は、徳もまた楽しんでその人に伴ってくれる。

「道」と徳を行わない人には、失道と失徳が楽しんで伴うだろう。誠心が不足していると、相手の信頼を得ることはできないのだ！

❖　❖　❖

狂風や暴雨は横暴といえども長く続くことはない。それゆえに、それらは清らかで静かな無為の大道とは合致しない。「まれに話すこと」にしてこそ自然に合致するのだ。

この世界の得失や成否の根本原因は、人の行う諸事が道に適合しているか否かではないのだろうか？　この点から言うと人は三種類に分かれるだろう。有道の人、有徳の人、失道失徳の人である。一人一人はみなこれら三種類の中に自分の姿を探すことができるし、また独自の生命レベルのエネルギーが流れる流路を感受することもできる。

人生におけるあらゆる挑戦はみな生命授業の一次試験である。もし信仰心が足りないと、必ず生命に関するプログラムが混乱してしまうだろう。もし道を敬い徳を尊ばないでいると、単に人から信頼されるすべがないだけでなく、周囲の人たちの信任と支持も得られないだろう。これは樹木の根が切られるのと同様に、最終的には必ず衰退に向かってしまうのだ！

第二十四章　自ら正しいと主張するものは、是非を彰かにできない

〔第二十四章　自是不彰〕
企者不立、跨者不行。自見者不明、自是者不彰。自伐者無功、自矜者不長。其在道也、曰余食贅行。物或悪之。故有道者不処。

つま先で立っている人はしっかり立っていられない。無理に大股で歩いては遠くまで歩いていけない。自ら理解しているとする人は、反ってそれを明白にできない。自ら正しいとする人は、反ってその正しさが顕れない。自分をひけらかす人は成功しない。自画自賛する人は長続きしない。これらの行為を「道」の物差しで計れば、このよう言ってよいだろう。残飯や廃品は人から嫌われる。だから、「道」に従う人はそのようなことはしない。

❖　❖　❖

本章の主旨は「無為自然」である。人がもし自己に対しても法則に対してもはっきりした認識がないと、成功する過程を短縮しようとすればするほど、成功を急ぐあまり反って失敗してしまう時があり、そのため期待とは裏腹の結果になってしまう。

老子は人生の「六つの態様」について概括したが、これは虚栄心を追い求めている者のよくある悪い傾向であり、精神の中にある恐るべきゴミのようなもので、これが多ければ多いほど、人はますます重い荷物を背負って行くことになる。だから、「道」に従う者はそういう所には身を置かないのだ。「身を置かない」とは、「つま先で立たない、大股で歩かない、自ら理解しているとしない、自ら正しいとしない、自分をひけらかさない、自ら自画自賛しない」ということである。この「六つのしない修行」を多かれ少なかれできると、境地は高いものになるだろう。

本当に「道」に通達している人はみな自我を放下することができる。実のところ、「道」を得た人と凡人は一つの硬貨の裏表に過ぎないが、その中間はただこの「自我」が隔てているだけなのである。自我を放下すると、初めて天意をわきまえることができ、無限の可能性に目が届くだろう。

第二十五章　「道」は「自然」に従う

〔第二十五章　道法自然〕
有物成混、先天地生。寂兮寥兮、独立而不改、周行而不殆、可以為天下母。吾不知其名、字之曰道、強為之名曰大。大曰逝、逝曰遠、遠曰反。故道大、天大、地大、人亦大。域中有四大、而人居其一焉。人法地、地法天、天法道、道法自然。

渾然一体となって自ら成りたったものがあり、天地が形成される以前から既に生まれている。それは静寂で音もなく、独立した存在で永く変わることもなく、循環往復の運行をしていて永久に止まることもなく、天地万物を生み出す母親ということができるだろう。私はその名前を知らないが、とりあえず「道」と呼び、さらに強いて命名して「大」と呼ぼう。「大」は何処までも果てしなく広がるから「逝」となり、それから消え去ってしまうので「遠」となり、遠くへ行くと返ってくるので「反」となるだろう。そこで、「道」が大であるように、天も大、地も大、王も大である。宇宙には四つの大があるが、王はその中の一つである。人は地に倣《なら》い、地は天に倣い、天は「道」に倣い、「道」は自然に倣う。

❖　❖　❖

約二千数百年前、老子は天地万物の起源を指摘して「道」の概念を示したが、これは人類の思想史上の偉大な功績碑である！　「道」は物質的でもあり天地に先立って存在した。万物は「道」より現れ出て、「道」は至る所に存在し、しかも不在の時はなく、永遠に遍く行きわたって、留まる所のない変化の中にある。「道」は四方八方に通じている古来の最高の法則なのである！

人は万物の優れものではあるけれども、世間の法則の起源は天地にあり、天地の法則の起源は大道にある。このため、「人は地に法《のっと》る」とは、真実の第一歩を学ぶことであり、すなわち、山川大地の「万物を利して争わず」の資質を研鑽して、体全身の気血（生気と血液）をスムーズにするのである。

「人は天に法る」とは、真実の第二歩を学ぶことであり、すなわち、天と人を合一する玄徳を学んで、自性の光明の源と天のエネルギー源を接続するのである。「人は道に法る」とは、真実の第三歩を学ぶことであり、すなわち、大道の脈拍と運行に接続するのである。「道は自然の法る」とは、真実の第四歩を学ぶことであり、すなわち、宇宙心と呼応する無上の聖なる境地を修めることである。これらの「真実の四歩を修める」とは、百戦不敗の成功の方法であり、古来変わることのない「道」を証明する秘訣でもある。

第二十六章　君主の修養

〔第二十六章　君主修養〕
重為軽根、静為燥君。是以聖人終日行、不離輜重、雖有栄観、燕処超然。奈何万乗之主、而以身軽天下、軽則失根、燥則失君。

重いものが軽いものの支配者であり、静かであることが苛立って動き回ることを抑えられる。だから、聖人は終日軽い車に乗って外出しても、重いものを積んだ車から離れることはない。素晴らしい環境に居て財産と地位があっても、超然として心を動かさないのだ。数えきれないほどの兵車を持つような君主が、こともあろうに軽率に国を治めることができるだろうか？　軽率であれば生存の根本を失うことになり、浮ついていると支配者の地位を失う。

生命について論じると、「重」は生命を表し「軽」は名利を表しているが、生命があるからこそ名利な資本を闘って取ろうとする。「静」は心の主人の地位を守れることは明らかであるが、これに反するのが「躁」である。静と重、これは強大な宇宙の心である。だから、大きな事を成す者は必ず利他の心を基礎とし、静と重によって努力するのだ。これは「道」に従ってこそ、できることなのである。

「道」に従う者がもし名利があっても泰然として事に当たれば、その人の内心は常に静かで親和的であり、話はいつも和諧して暖かくすべてに模範的である。その人が素朴な時は、他の人も素朴になることができるし、その人が静かな時は、他の人は苛立つことがない。

私たちは「軽と重」、及び「静と躁」を理解することによって、静かで無為の重要性に気が付くだろう。よく考えてみよう、宇宙の中で何が最も重いのか？　天道の自然法則が最も重いのだ。宇宙の中で何が最も軽いのか？　この法則を無視することが最も軽いのだ。宇宙の中で何が最も静かなものか？　無私無欲、無我無存になると、その愛は多くの人に伝わり最も静かなものになり、エネルギーも最大になる！

❖　❖　❖

第二十七章　上手に事を処理する

〔第二十七章　処事要妙〕
善行無轍迹。善言無瑕謫。善数不用籌策。善閉無関楗而不可開、善結無縄約而不可解。是以聖人常善救人、故無棄人。常善救物、故無棄物。是謂襲明。故善人者、不善人之師。不善人者、善人之資。不貴其師、不愛其資、雖智大迷、是謂要妙。

行動に優れていると、はっきりとした痕跡を残さない。話に優れていると、言葉の中で指摘されるような所はない。計算に優れていると、計算器具を使う必要がない。閉めることに優れていると、閂《かんぬき》を使わなくても門を開けることはできない。縄で縛ることに優れていると、太い縄を使わなくても解くことができない。だから、聖人はいつも他の人を助けて、どんな人でも見棄てたりはしない。聖人はいつも万物を用いるが、どんな物でも見棄てたりはしない。これを「道」の明智を踏襲したと言う。だから、善良な人は、善良でない人の師であり、善良でない人もまた善良な人の手本となる。もし師を尊敬せず、手本も大事にしなければ、自ら聡明なように見えても実際はわけが分からないのだ。ここに奥深く優れた道理がある。

❖　❖　❖

大道は無我にして他を利し、大徳は功績を隠し名を匿名にして「道」と一致する。自然なるものに一致してこそ、本当の「善いもの」なのである。「善」の実修方法は、「善く行き、善く話し、善く数え、善く閉め、善く結ぶ」である。もし私たちが善良な人であるならば、上天は私たちに最大の褒美を与えるだろう！　だから、「道」に合することは必ず多くの助けがあるのだ。

聖人の胸中には善悪や是非の概念はなく、このため、人や物を廃棄することに関心はない。聖人はみんなを適所に置いてその実力を発揮させるが、これが本当の智慧なのである。

生存中に見る所、聞く所、経験する所はみな「道」から派生している。これらのすべてを受け入れて認めることは、「道」を受け入れて認めることである。反対に一切を拒絶すれば、「道」を拒絶することになり、最終的に必ず自己も見失うだろう！

第二十八章　恒常不変の徳が本来の姿に返ること

〔第二十八章　常徳帰朴〕
知其雄、守其雌、為天下谿。為天下谿、常徳不離、復帰於嬰児。知其白、守其黒、為天下式。為天下式、常徳不忒、復帰於無極。知其栄、守其辱、為天下谷。為天下谷、常徳乃足、復帰於樸。樸散則為器。聖人用之、則為官長。故大制不割。

剛強であることを知りながら反って柔順を守ってこそ、天下の渓流になれる。天下の渓流となれば、恒常不変の徳は離れることがなく、嬰児の状態に復帰できる。光明を知っているのに暗澹なるものを守ってこそ、天下の模範となるだろう。天下の模範となれば、恒常不変の徳によって間違いなく本源の世界を回復する。栄誉ある生き方を知っているのに謙虚に引き下がった立場を守ってこそ、天下の谷になれる。天下の谷になれば、恒常不変の徳は豊かに満ち足りて、質朴な状態に回帰する。質朴なるものは分散して器を形成する。

聖人はこれを用いて指導者とする。だから、すべてそろっている制度というものは、これをさらに細かくバラバラに分割しないのである。

❖　❖　❖

「三つの知ることと、三つの守ること」は、人生の重要な成功パスワードであるとともに、宇宙をバランスさせる根本法則である。「雌を守る、黒を守る、辱を守る」とは、柔弱と無名と忍辱《にんにく》を修めて保つことであるが、この三つは確かに人にとって喜ばしいことではないものの、これらは世間的生存には好ましいあり方であるばかりでなく、強者にとっては成功の切り札でもある。自ら黒として、無名な人であることを好むような人でも、他の人は彼を無名だと思うはずがなく、最後にはこれに反して白として名のある人と同じになる。このように万事万物はみなバランスが必要で、もしバランスを失うと挫折するのは必然である。

「聖人はこれを用いる」の「これを用いる」とは、生まれたばかりの赤ん坊に復帰した時に得られるような果てしのない素朴な品格を用いることである。聖人の徳は輝いているけれど、いつも低姿勢で謙虚だから、多くの人は知らず知らずに讃えて追従する。だから、かれは未だ「長官」の位置には必ずしも着いていなくても、「長官」の威徳を既に身につけている。

所謂「長官」とは、規律に基づいて諸事を行って自分の裁量で決めることができる人である。このような人の力量は決して神秘的なものではなく、実際は「大制不割（大きなものを細かく割《さ》かない）」のやり方である。つまり、諸事において「我」がなく、全体的、核心的、大局的な意識を持っているのである。

第二十九章　ことさらな事をしないで天下を治める

〔第二十九章　無為而治〕
将欲取天下而為之、吾見其不得已。天下神器、不可為也。為者敗之、執者失之。夫物或行或随、或歔或吹、或強或羸、或載或隳。是以聖人去甚、去奢、去泰。

無理やり強い力で天下を治めようとしても、私の見るところ目的の達成は不可能である。天下というものは神聖なものであり、権力に頼ることはできず強行しても失敗するだろう。無理に付け足そうとすれば失ってしまうだろう。天地万物は様々で、自ら進むものもあればば随うものもあり、重要なものもあれば二次的なものもある。強大なものもいれば弱勢なものもいるし、平安なものもあれば堕落するものもある。だから、聖人は極端や贅沢や放縦といったものを、取り除かなければならないのである。

「天下をなんとしても取ろうと望んで天下を取る」の根源には貪欲の心があり、貪欲は人の本性から逸脱したもので、生命の法則には一致しない。もし貪欲を駆使すると、結局思ったことが得られないで徒に煩悩が増すだけなのだ。老子が説く「天下は神聖な器である」とは、法則のことを指していて法則を掌握してこそ、力を持つことができる。だから、私たちが法則を尊重することは自己の能力の源である。

❖　❖　❖

天下万物にはみな両面性があり、先に行く所があれば必ず後から行く所がある。温かい所には必ず寒い所があり、強い所には必ず弱い所があり、安全な所には必ず危険な所がある。この世界はまさに千差万別だから、活力が四方八方に顕現して差異が存在してはいるものの、本身は大道の体現なのである。もし万物間の差異を取り除こうと妄想にふけっても、最後には必ず自ら滅亡を招くことだろう。

聖人は極端や繁雑、更には過度を取り去ることを主張する。このことは人類の自力救済の切り札であるとともに、私たちが本来の正道に返ることでもある。

第三十章　驕る者は久しからず

〔第三十章　用兵之道〕
以道佐人主者、不以兵強天下、其事好還。師之所処、荊棘生焉。大軍之後、必有凶年。善者果而已、不以取強。果而勿矜、果而勿伐、果而勿驕。果而不得已、果而勿強。物壮則老、是謂不道。不道早已。

「道」の理によって君主を補佐し国を治める人は、兵力を誇示して天下を脅かしたりはしないが、それはその方がよいからなのだ。戦乱の地には荊やとげのある木が群生し、戦争が終れば必然のごとく凶年がやって来る。本当の戦上手は合理的な結果のみを求めて敢えて武力を誇示しない。勝ったからといって尊大にならず、自慢せず、傲慢にならず、勝ったとしてもやむを得ないこととし、強がったりはしない。すべての物事には最盛期があり、それを過ぎれば衰えていく。強い者でも「道」に符合しなければ、早々に滅亡するだろう。

「武力によって天下を脅かしたりしない」とは、老子の反戦の名言である。但し、老子はひたすら戦争に反対したのではなく、やみくもに争いごとを起こすことに反対し、庶民が戦争によって塗炭の苦しみを舐めることを哀れんだのである。本章中、老子は戦争に関わる本質的に深い内容を示したが、人類文明に対して三つの重大な貢献をした。

第一として、大勢の人を動員して事を行うと、必ず不幸な災厄が発生する。それは物議をかもすと、気運が消耗してしまうからなのだ。凡そすべての事はみな和を根本とするので、和諧をめざす発展的環境をなんとしてでも得るべきである。

第二として、もしやむを得ない場合には、すべからく武力を用いて速やかに戦いを決するのだ。和平を取り戻すことだけを求めることとし、絶対に武力を誇示してはいけない。「道」に従う人は、覇道の気持ちを脇に置いてここまでで止めるのである。

第三として、勝利した後は、「驕り高ぶらず、自慢せず、傲慢にならず、強がらず」の四つの戒律を厳格に守り抜くのだ。また、秀でた実力があっても横暴に覇道をしてはならず、だから老子は、「敢えて天下の先頭に立とうとしない」と、説いたのである。（第六十七章参照）

❖　❖　❖

第三十一章　武器を用いる人の心構え

〔第三十一章　用兵心態〕
夫兵者、不祥之器。物或悪之、故有道者不処。君子居則貴左、用兵則貴右。兵者不祥之器、非君子之器。不得已而用之。恬澹為上、勝而不美、而美之者、是楽殺人。夫楽殺人者、則不可以得志於天下矣。吉事尚左、凶事尚右。偏将軍居左、上将軍居右。言以葬礼処之。殺人之衆、以悲哀泣之。戦勝、以葬礼処之。

軍隊を動かすことは不吉なことである。このことはみんなから嫌われているので、「道」に従う人はそれを使おうとはしない。君子は平時においては左側を上位として尊ぶが、戦時においては右側を上位として尊ぶ。兵器は不吉なものだから君子の使うものではなく、やむを得ない時にしか使わない。

君子は恬淡としていることが最も望ましいので、勝利しても得意になったりはしない。

勝利して得意になるのは、殺人を楽しむのと同じである。およそ殺人を楽しむような人は、天下取りをするようなことは不可能なのだ。

慶事を喜ぶ時は左側を上位とし、喪に服す時は右側を上位とする。だから、副将軍は左側におり、正将軍は右側にいる。これは戦時には葬礼の決まりで対処することを表している。戦争では戦死者が多く出るので、悲哀の心情を持って戦いに臨むべきなのである。すなわち、勝利しても葬礼の礼節を持って処置すべきなのである。

❖　❖　❖

大道には生長と消滅の二つの作用があり、人間は生長の作用によって生き、消滅の作用によって終える。だから、天下の君主は生長側にいて和諧する生命力を明らかに示すが、進軍する将軍は消滅側にいて物寂しくざわついた殺気を表している。

戦争を客観的に言うと、確実に不吉な事である。まず、戦争はしばしば殺戮を意味し、私たちは畏敬心をもって消え去る生命を追悼しなければならない。次に、戦争にはさまざまな原因があるので、将来必ず戦争になってしまうことがあり、さらに多くの戦争を誘発するかも知れないので、私たちは戦争になる因果関係を疎かにはできない。だから、戦争に勝利をしても有頂天になってはならず、当然のことながら葬礼をもって対処しなければならない。虐殺を好むものは戦争を起こして殺戮を喜ぶだろうが、このような「道」に背く人は善い報いを得ることは不可能である。

老子は人類に戦争を抑制し最終的には戦争と告別することを期待したが、そのためには私たちに極めて高い道徳水準が求められる。人生では、身体、家庭、企業等に拘わらず、どんな方面や人たちであろうと衝突が起きるので、みな慎重に対処しなければならないのだ！　だから、多くの悲劇は些細な対立から起きるのである。

第三十二章　道は天下を動かす

〔第三十二章　道動天下〕
道常無名。樸雖小、天下莫能臣也。侯王若能守之、万物将自賓。天地相合、以降甘露。民莫之令而自均。始制有名。名亦既有、夫亦将知止。知止可以不殆。譬道之在天下、猶川谷之於江海。

「道」は無の状態であり、撲《あらき》（加工前の素材）のように素朴で小さいが、天下でこれを臣下として使える者はいない。王や諸侯がもし「道」の原則を守るならば、天下万物は自然に従うだろう。天地間は和諧し互いに融け合い、自然に慈雨を降らせ、人々は誰に命令されことなく自然に沐浴し恩恵を得るだろう。天下に万物が現れて名称が生まれたら、適当な所で止《とど》まることを知るべきなのだ。適当な所で止まることを知れば、危険を免れることができる。「道」が天下に運行する姿は、谷川の水が終わりには大河や大海に自然に流れ出るのと同様である。

❖　❖　❖

「道」は永久、素朴、微妙なものであり人目を引くことはないけれども、その力量はいたって無尽蔵である。私たちがもし素朴さによって諸事を行えば、「道」と同じように人を心服させ得る能力を持つことができるだろう。実際、強制されて臣下として自ら進んで仕える人はなく、ただ質朴無名の大道のもとに臣下として仕えるのであって、それは温かく寛大な本質のもとに仕えるのである。

「道」を行うには「名が知られていないこと」が必要であるが、世界には「名」が充満しているので、「止《とど》まることを知る」ことを理解するべきである。「止まることを知る」とは、戒を守ることであり、これは明解なことである。どんな所で進行を止めるべきなのか？

どんな事情でしてはいけないのか？　もし拒絶することを学ばなければ、概念と立場があなたを縛って固定してしまい、あなたは自己の生命の中にいる「道」に従う君主を、うやむやのうちに終わらせてしまうだろう。

「止まることを知る」とは、自我の冷静さと質の高さの自律的な結合であり、これは修練によって可能になることである。一度この種の自我の進展が始まると、人は痛苦な感覚をおぼえるけれども、一段落するとあなたは自分が堅持しているものに感激するだろう。このため、あなたは間違った道路上でひどい目に合うことを免れるし、自律的な積み重ねによって、あなたの人生は進めば進むほどますます順調になるだろう。

第三十三章　自らを知るための修養

〔第三十三章　明人修養〕
知人者智、自知者明。勝人者有力、自勝者強。知足者富、強行者有志。不失其所者久、死而不亡者寿。

他人のことがよく分かる人は智慧があり、自分のことがよく分かる人は高明（賢者）である。他人に打ち勝つ人は力があるが、自分に打ち勝つ人は本当に強い。満足を知る者は富み、粘り強く行う人は志がある。自分の居場所を失わない者は長続きし、死んでも忘れられない者を長寿と言う。

❖　❖　❖

自分をよく分かることは人をよく分かることよりも、ずっと智慧があることのようだし、自分に勝つことは人に勝つことよりも、ずっと力量があることのようだ。生命にとって最も幸福で、最も強大で、最も震撼させる状態というのは、「自分を知る者は明（明智）」のことなのである。

本当の豊かさは満足することから来るものであり、難局を迎えた時の上等の行動力は揺るぎの無い信念から来るものである。本当にすごいことは他の人を見抜くことではなく、自己の盲点や弱点を看破できることである。最も強大な能力も他の人から来るものではなく、触発され活発となった向上心から来るのである。

人は信念を失うことさえしなければ、希望はまだあって心は流浪するはずがない。静かさを堅持し自身に焦点を合わせさえすれば、生命は長久となる。本当の長寿とは、人の一生や草木の一春の長さのことではなく、たとえ肉体は亡んでも偉大な精神は永遠に不滅であることなのだ！

第三十四章　大道の品格

〔第三十四章　大道品格〕
大道汎兮、其可左右。万物恃之而生而不辞。功成而不名有。衣養万物而不為主、常無欲、可名於小。万物帰焉而不為主、可名為大。以其終不自為大、故能成其大。

大道はきわめて広く際限がないのだ！　それは右でも左でも何処でもその源に出会うことができる。万物は「道」を頼りに生長するけれども、「道」は自分がやったと言うわけではない。造化の働きが成し遂げられても、それを占有したりはしない。万物を大切に育て養うけれども、支配したりはしない。大道には欲望がないので、渺少なものと言ってもよいだろう。万物は「道」に帰っていくが、「道」は支配しようとはしないので、偉大なものと言うことができる。聖人は終始自分のことを大きいものとは称さないので、偉大になれるのである。

❖　❖　❖

「偉大なものは渺少なものから出る」とは、本章が世間の人に与える貴重な啓示である。「道」の偉大な所は、「道」は万物が帰依する母親であり、「道」により万物は組成され、「道」により生長する法則も決定されるのである。しかしながら、それは寂然《せきぜん》として無声の状態で循環往復しているが、決して一方的に強行して主宰者の身分を追求したりはしないのである。

聖人の偉大な所もまた、人の注意を引くことなく甘んじて奉献し、決して功績や名声を追求したりはしない。但し、このようにすればするほど人から愛され支持されて、最後には大海が川を呼び込んだりしなくても多くの川の流れが集まるのと同じようになるのだ。まさに下位に居て柔を守っているため、反って強大な力量を持てるのだ。

人生の価値は決して自ら顕彰したり、それを勤勉に証明したりする必要はない。他の人の眼中にあるあなたに関わる「平凡さと小さいもの」は、決してあなたの生命が持つ「卓越さと偉大さ」に影響はしないし、平凡さは往々にして偉大なものを成し遂げるのだ。もし、人が名利得失を前にして泰然としていられるならば、精神を集中しさえすれば関係するどんな些細な事もうまく処理できるだろう。このようなことが多くなるほど、社会から受け取る贈り物も多くなる。つまるところ、平常心をもって事に当たれば、反って容易に事を成し遂げられるだろう。

第三十五章　道の無限の効用

〔第三十五章　道用無窮〕
執大象、天下往。往而不害、安平太。楽与餌、過客止。道之出口、淡乎其無味。視之不足見、聴之不足聞、用之不足既。

大道が掌握しているところには、世界中の人々が自然に集まって来て生活をする。そこを頼って生活する人は妨害を受けず、自然に安寧になり、平穏でゆったりと落ち着ける。音楽や美食には、通りすがりの旅人もそれらに引き込まれて足を止める。だが、「道」に関することが言葉として発せられても、それは淡白で味もそっけなく、見ようとしてもその姿を見ることができず、聞きたいと思ってもその音声を聞くことができない。しかし、その働きは大きくていくら用いても尽きることはない。

「道」の特性は利して害さず、為して争わずであるが、「道」は宇宙万物や天下万民を保護しているけれども、決してそれらの天性の根源を損ったりはしない。「道」は無色無相、無臭無味、無声無状であるけれども、自然と社会に与える影響は窮まり尽きるところがない。「道」はできないことがない何処にでも存在する特性に過ぎないが、美食や音楽のように人を引きつけて足止めするようなことはない。このことは自然に理解できるだろう。

❖　❖　❖

自然大道は求めるべきではなく、また求める必要もない。ただ「道」に順じて行うことが必要で、大道は求めなくても、もともとあるものである。

もし、私たちが無欲な生活のあり方を精進堅持し、謙虚で素朴で徳を重んじて暮らせば、必ず「道」に出会うだろう。もし、私たちが絶えず心中につもった障害物をきちんと処理し、電灯の笠の上の厚いほこりを拭くように汚れを洗い清めれば、心中の光明は必ず未来の人生行路を明らかに照らすだろう！

第三十六章　奥深き叡智

〔第三十六章　大智微明〕
将欲歙之、必固張之。将欲弱之、必固強之。将欲廃之、必固興之将欲奪之、必固与之。是謂微明、柔弱勝剛強。魚不可脱於淵、国之利器、不可以示人。

何かを縮小させようと思うならば、まずそれをいっぱいに拡大させるとよい。何かを弱めようと思うならば、まずそれを強くさせるとよい。何かを衰退させようと思うならば、まずそれを繁栄させるとよい。何かを奪おうと思うならば、まず何かを与えるとよい。このように思考することを微妙な明智と呼ぶ。柔よく剛を制すると言うのはこのことである。魚は深淵を離れることをしない。国家が持つ鋭利な武器も簡単に人に明らかにするべきではない。

❖　❖　❖

本章の中で老子は矛盾し対立する事柄を論証して、物事の変化と発展に内在する本質を深い所にまで簡単に著した。すべてのことは勢力が最大に達すると、必ず衰弱する方向に向かうのだ。道の法則からすると、これは「物極まれば必ず反する」のことであるが、どんな物事も一旦絶頂に達すると、その発展の勢いは動力源を失ってしまう。このことは必然的に出現するところの相反する動向である。これが「道」は微にして明らかということである。

人と「道」の関係は魚と水の関係と同様であり、魚は水から離れられないし、人もまた「道」から離れることはできない。いかなるものも「道」から離れると、人は掟を越え、軍隊は越境し、天体は軌道を外れ、生存の危機が必然的に出現する。だから、必ず柔弱を守るべきなのだ。柔弱はこれ「道」であり、柔弱は敬ってすべてに謙虚であることを表しているだけでなく、何度挫折しても屈服しない強靭さも明らかに示している。柔弱は剛強に勝るのだ！

第三十七章　天道と人の欲

〔第三十七章　天道人欲〕
道常無為、而無不為。侯王若能守之、万物将自化。化而欲作、吾将鎮之以無名之樸。鎮之以無名之樸、夫将不欲。不欲以静、天下将自定。

「道」は永遠にみだりなことはしないが、「道」によって成し遂げられないことは何もない。侯王がもし「道」を堅く守り続けるのならば、万物は自ら発展するだろう。発展し壮大になってその中に貪欲さが芽生えれば、私は無名の素朴なものによってそれを鎮めなければならない。その無名な素朴なものを保護していけば、人は貪欲を起こさないだろう。貪欲を起こさなければ心は静まり、天下は自然に安定するのだ。

❖　❖　❖

大道の本性は清静であり無為であるが、世界のもともとの始まりは静寧であり素朴である。「無為」の作用は貪欲を清めてなくすことであるが、ただ「無為」そのものは無欲で何も求めず、それは世の中の一切の狭量さと偏見を超越している。

人の一生は、順ならば凡、逆ならば仙である。一個人の修めるところの優劣は、「欲なくして静か」であるかどうかが鍵である。このようになってはじめて、無為の境地に至り、天地の大道に参悟できるのだ。

「道」はいつも外面的には不在で、終始私たちの胸中に存在している。自己の心性を磨いて光らせさえすれば、「道」を見ることができるのだ！　無為にしてできない所のない大道は、いつも黙々と作動していて、「道」の法則に符合しない世間一切の物事の汚れを洗い清め、それを正規の軌道に回帰させることができる。だから、自己を全うし、自然に順応すれば、すべて最後には期せずして至れるだろう。

第三十八章　功徳の基準

〔第三十八章　功徳標準〕
上徳不徳、是以有徳。下徳不失徳、是以無徳。上徳無為、而無以為。下徳為之、而有以為。上仁為之、而無以為。上義為之、而有以為。上礼為之、而莫之応、則攘臂而之。故失道而後徳、失徳而後仁、失仁而後義、失義而後礼。夫礼者、忠信之薄、而乱之首。前識者、道之華、而愚之始。是以大丈夫処其厚、不居其薄。処其実、不居其華。故去彼取此。

徳がたくさんある上徳の人は、自ら徳があるとはしないので徳がある。徳が少ない下徳の人は、自ら徳があるとするので徳がない。上徳の人は内心から発して徳を施し、しかもできないことはない。下徳の人は意図があるので多くを実行しても、徳を施したことにはならない。仁を重んじる人は仁愛から徳を施すが、何かをしたという跡を残したりはしない。義を重んじる人は徳を施そうと大変努力するが、それらはみな義務感によるものである。礼義にうるさい人は礼に則り徳を施すが、もし相手が自分の礼に答えないと、腕を伸ばして捕まえてその人を家に入れようとする。

つまり、最初に「道」が失われると徳のことが言われ、徳が失われると仁があり、仁が失われると義が言われ、義が失われると礼が言われる。礼などと言うものは、忠と信の衰退したもので、災いの発端となるものである。「道」を失うことを始めとして、順々に徳、仁、義、礼になって行く変遷の有り様を前もって知る者は、「道」の虚しい華ではあるが、無知で愚かなものの始まりでもある。だから、偉丈夫は人情が厚く素朴であり、浅薄なところなどに向ったりはしない。素朴を守るのか、それとも「道」の虚しい華に向かうのか、それは自明なことである。

❖　❖　❖

人間社会は「道」、徳、仁、義、礼の五つの階層に分かれる。

「道」の総括的な本源である「上徳」は、すなわち「道」に適合する徳を指し示しているが、それは「道」により生じ、「道」の支配を受け、「道」に従って事を行う。同時に上徳は長い月日の修行を経て、徳の行いを段々と清純な本物の修練にしていく。上徳の人は胸中に「徳」の意識があるはずはなく、また他の人の批評など意に介さない。下徳の人は、胸中にある「徳」の概念に執着し、「徳がある」という形態に執着して事を行う。この両者は有道か無道かであることは十分明瞭なことである。生活する中で、執着すればするほど容易に徳を失い、執着しなければ反って徳を持てるのだ。

「仁」は、「道」と徳を失った後に人間関係の調和に用いられるものである。「義」は、仁を失った後に人の行動の規範に用いられるものである。「礼」は、道徳仁義を失った後に、無理をしてどうにかこうにかやっと社会の秩序を維持するものである。

実際、素朴で華やかさがないものにしてはじめて、「道」に最も接近でき、大きな福報にも耐えられ、それによって長く衰えることがない。但し、偉丈夫にしてこそ、表面が派手で内実の伴わないものに重きを置かず、正直で真心を込めて暮らしていける。どの路を行くのかは自分で決めることである。

第三十九章　道を得て一を抱く

〔第三十九章　得道抱一〕
昔之得一者、天得一以清、地得一以寧、神得一以霊、谷得一以盈、万物得一以生、侯王得一以為天下正。其致之也、天無以清将恐裂、地無以寧将恐発、神無以霊将恐歇。谷無以盈将恐竭。万物無以生将恐滅。侯王無以正将恐蹶。故貴以賤為本、高以下為基。是以侯王自謂孤・寡・不穀。此非以賤為本邪。非乎。故致誉無誉。是故不欲琭琭如玉、珞珞如石。

古より「一」を得たものがある。天は「一」を得て明るく澄んでいるし、地は「一」を得て静かに安定し、神は「一」を得て霊妙であり、谷は「一」を得て満ち溢れ、万物は「一」を得て変化し発展し、侯王は「一」を得て天下の模範となる。もしそうでなければ、天は清くなることができず、恐らく裂けてしまうだろう。地が静かに安定できなければ、恐らく転覆してしまうだろう。神が霊妙でなければ、恐らく消失してしまうだろう。谷川が水で満ちていなければ、恐らく枯れてしまうだろう。万物が生長できなければ、恐らく絶滅してしまうだろう。侯王が高尚でなければ、恐らく滅びてしまうだろう。だから、貴いものは賤しいものが基本にあり、高いということは下に基礎があるのだ。それだから、侯王たちは自分のことを「孤（みなしご）」とか、「寡（ひとりもの）」とか、「不穀（ろくでなし）」などと呼ぶのだ。これは貴いものが賤しいものを根本としているということではなかろうか？　まさかそうではなかろう？　最高の賞賛は賞賛されないことであり、華麗な玉になる必要はなく、温かい親切な石になればよいのだ。

❖　❖　❖

「一を得る」とは、「道を得る」のことであり、「その一を得れば、万事完結する」という一説である。換言すると、きちんと「道」に従って行けば、一切はみな思いどおりに成し遂げられるということである。反対に「道」に従わないと、万事は凋落し、国は敗亡し、乾坤は混乱する、……

「一を得る」とは、自在に成功する修行の秘訣でもあり、一人一人はみな「精神集中、天人合一、大道自然」の三つの段階を経て、自己を明るく和諧する世界に進入させることができる。「一を得る」を感じ取るエネルギーは、人生を潤わせて長く養うことに叶っている。

経典を学ぶ目的は正しい路を選ぶためである。人は自己の土台を長く保とうと思えば、「道」の有り様を見習って、すぐに自分を軽いものと見なし、自分を低位に置くことである。だから、「一を抱く」ことをかたくなに守るということは、得道する根本の道筋である。また、最も身分の低いものを守り続けられてこそ、最も高貴なものに至れるというのが「道」の特徴である。

第四十章　反とは道の動なり

〔第四十章　反者道動〕
反者道之動、弱者道之用。天下万物生於有、有生於無。

物事が転化して逆の面になるのは「道」の運動であり、柔弱で争わないのが「道」の作用である。天下の万物はすべて形の有るものから生まれ、形の有るものは大道という形の無いものから生まれる。

❖　❖　❖

本章は『道徳経』の最も短い章であるが、「有無」は「道」の別称である。「無」とは、「道」は無形無相であるけれども天地の先に存在していること。「有」とは、「道」は客観的な真実の存在であるとともに、常に宇宙の万物を化育している実体なのだと説いている。

所謂「弱は道の用なり」とは、「道」の運行は迫って強制するものではなく、柔和に自然に成長させる働きであり、万物はすべてこれに順応している。だから、修道においてはあらゆる出来事に干渉も抵抗もせず、運命から与えられる贈り物に坦然と適応するのだ。これは確かに弱さを示すことでもあるが、弱さを示すという法則を理解することは実際最も尊厳で高貴なことなのだ！　この「弱さを示すこと」は意気地なしのことではなく、往々にして事柄に転機を生じさせてくれるのである。

所謂「反は道の動になり」とは、今日のあなたがしている努力がいつか必ずあなた自身の収穫として戻るという客観的な法則であり、このことは誰にも変えられないことである。人は天理に勝とうと気力を消耗する必要はなく、天理に順応すれば人は最も望ましい選択ができるのである。何ごとがあっても受け入れるのみならず感謝し、感謝するばかりでなく人事を尽くし、常に最高の自己とするのである。今までのあなたの経歴の一切は将来の輝きとなり、あなたの道を明るく照らしてくれるだろう！

第四十一章　「道」を聞き、努力してそれを実行する

〔第四十一章　聞道勤行〕
上士聞道、勤而行之。中士聞道、若存若亡。下士聞道、大笑之。不笑、不足以為道。故建言有之。明道若昧、進道若退、夷道若纇。上徳若谷、大白若辱、広徳若不足。建徳若偸、質真若渝、大方無隅、大器晩成、大音希声、大象無形。道隠無名、夫唯道、善貸且成。

優れた人間が「道」のことを聞くと、努力してそれを実行しようとする。普通の人間が「道」のことを聞くと、あやふやなものと思う。くだらない人間が「道」のことを聞くと、大いに笑うだろう。くだらない人間に笑われるくらいでなければ、この上とてない「道」とは言えないものなのだ！　古代の文献にこんな言葉がある。「はっきりと明るい道はうす暗く見える。前進する道は後退するかのようである。平坦な道は険しいように感じる。高い徳のありさまは低い谷川のようである。広く行き亘る徳は物足りなく感じる。確固と

した徳はなまけているように見える。素朴純真なものは濁っているようである。真っ白な物ほど汚れているように見える。大きな四角形には角が無いように見え、大きく貴重な器は完成するのが遅い。大きな音は聞き取りづらく、大きな形には明確な形がない」。「道」は隠れていて名前もない。ただ「道」に従っていれば、確かな力を貸し与えられ、成功もできるのだ。

❖　❖　❖

大道の特徴は往々にして俗世間の認識と相反するが、これは「くだらない人間が「道」を聞けば、大いに笑う」ためである。本章では十二の聞道、悟道、行道の箴言《しんげん》を語っている。

「はっきりと明るい道はうす暗く見える。前進する道は後退するかのようである。平坦な道は険しいように感じる」とは、修道に成功した人は心が慈悲深く明るい目をしているが、愚かで無知なように見えるためである。普通の人は常に前進しようと努力しても後退するような自分を受け入れることができないでいる。だから、修道に対して定かでなく、半信半疑となって揺れ動いてしまうのである。これは、「普通の人間が「道」のことを聞くと、あやふやなものと思う」ためである。

「高い徳のありさまは低い谷川のようである。広く行き亘る徳は物足りなく感じる。確固とした徳はなまけているように見える」とは、徳行が崇高な人は社会に善行を多く施しているが、まだ不十分で更に努めなければいけないと思っている。これは「優れた人間が「道」のことを聞くと、努力してそれを実行しようとする」ためである。

「真っ白な物ほど汚れているように見える。大きな四角形には角が無いように見え、大きく貴重な器は完成するのが遅い。大きな音は聞き取りづらく、大きな形には明確な形がない」とは、「道」の本質的な属性のことであるが、「道」に従う人になって初めてその存在を感覚できる。大衆にとっては、「道は隠れていて名前もない」存在であり、容易に知れる所ではないのである。

最後の「「道」に従っていれば、確かな力を貸し与えられ、成功もできるのだ」とは、自らを捧げて善行を施せば、「道」は良い結果を与えないことはないということである。誰でも「道」に従って行えば、神助が得られるのである。それに反して、大道の理が分からずその法則を実践できないと、自身を養うことも帮助も得られないのである。こうなると大人物になれないばかりでなく、人生の苦海の中で流浪死することもあるだろう。もしそうであるならば、人身を与えた天の慈悲心が無駄になってしまうのだ！

老子の十二の箴言を深く理解し、「道」と呼応し、「道」に聞き謹んで行う人は、優れた人のことである。人生に対する態度が異なれば異なる結果となる。自分の態度によって自分の人生の厚みや高度が決められる。

第四十二章　「道」は万物を生む

〔第四十二章　道生万物〕
道生一、一生二、二生三、三生万物。万物負陰而抱陽、沖気以為和。人之所悪、唯孤・寡・不穀、而王公以為称。故物或損之而益、或益之而損。人之所教、我亦教之。強梁者不得其死、吾将以為教父。

「道」が一を生じ、一が二を生じ、二が三を生じ、三が万物を生じる。万物は陰の気を背負い、陽の気を胸に抱いている。陰陽はつり合って新たな調和を生み出した。人々は「孤家（みなしご）」、「寡人（ひとりもの）」、「不穀（食事に事欠く）」などと呼ばれることを嫌うが、諸国の王達はかえってこれらを自称する。つまり物事は損をして得をし、得をして損をすることもあるし、守ろうとしてかえって損なってしまうこともあるのだ。人から聞いた道理を私も教えよう。いたずらに強さを誇る者は、ろくな死に方をしないものなのだ。私もまさにこの道理を最初に教えようと思う。

❖　❖　❖

本章で老子は宇宙の奥妙を明らかにし、「和は万物を生じ、万物を繁栄させる」という思想を提唱している。「道は一を生ず」の「一」は最初の意味としての「道」であり、万物の始まりである。「二」は陰陽に変化する始まりを表している。「三」は陰陽が作用し合って生じるところの調和する精気である。「三は万物を生ず」とは、天地が混沌のうちに初めて開かれて万物が発生することを指している。これは単に論理と数学の関係ではなく、深奥な宇宙の変化の順序である。

宇宙の生成化育過程は損益流動の変化である。万物は陰を負って陽を抱くことにより、エネルギーの平衡を保ち、精は満ち、神は充実し、気は十分に足りている。森にある高い木は必然的に強風に折られ、美徳が優れている人は必然的に他の人から批判されるとも言われている。これは宇宙の基本的な法則であり、順応すれば吉となり、逆行したら凶となる。

老子は最後に大道の法則として、「道」に背いて馳せる者は退場させられるという教訓を私たちに示した。人生において進歩を続け、柔弱と謙虚さを固く守ってはじめて、成功を獲得でき、生命力も光り輝いて人々から尊敬されるというのは真理である！

第四十三章　無為が有益

〔第四十三章　無為有益〕
天下之至柔、馳騁天下之至堅。無有入無間。吾是以知無為之有益。不言之教、無為之益、天下希及之。

この世の最も柔軟なものが、この世で最も堅固なものを思い通りにすることができる。また、実体のないものは隙間のないものに入り込むことができる。私はこのことから無為であることのよいところを知っている。言葉に頼らない無言の教えと、無為であることの有益さに匹敵するものは、この世にほとんどない。この道理を知っている人は多くはいない。

❖　❖　❖

柔弱なものは驚くべきエネルギーを含んでいるけれど、その無形のエネルギーは堅固で隙間のない物体の中をひっきりなしに行き来している。これは無形のものが持つ法則が有形な世界を制御していることであり、万物はみなこの法則の中に在るのだ。

自然大道は清らかさと静けさを保って無我無欲無私無為であるけれども、自然大道のもとで万物はみな自ら生まれ自ら変化生長している。この道理をいうと、無為とは、ことさらなことはしない「道」のことであり、有為とは、あれこれする人の行為のことである。

「道」には私心がなく、人には私心があり、無心は有心よりも優れている。

「道」の法則が分からない人は、強固なやり方で柔弱なるものを支配抑圧し、自らの過ちを認めず自然の法則に違反してしまうが、これは誤りである。

「道」を得た人は自身の徳で周りの磁場を浄化し、平静の心で周囲の不安を取り除き、強い者を感化し、その間違いを正すことができる。

人は気をもんで焦る必要はなく、一個人は常に自分の道徳に沿った生活をするだけなのだ。あるものが手に入ったら、最善を尽くし努力してそれに相応しいことを行えばよいのである。落ち着いて自分のやるべきことをすれば、他の人に施したものは、上天が自分に補充してくれる。これは老子が語った無為の有益性である。

第四十四章　足るを知れば、辱められず

〔第四十四章　知足不辱〕
名与身孰親、身与貨孰多、得与亡孰病。甚愛必大費、多蔵必厚亡。故知足不辱、知止不殆、可以長久。

名誉と身体ではどちらを身近なものに感じるだろうか？　身体と財産ではどちらが大切だろうか？　名利を得ることと生命を失うことでは、どちらがより害があるだろうか？過分に出し惜しみをすれば必ず大きく浪費するようになり、過分に財産を蓄えれば必ず大きな損失を出すようになる。だから、満足することを知れば恥辱などとは無縁になり、ほどほどを心得れば危害に会うこともない。このようにすれば平安を長く保つことができる。

❖　❖　❖

普通の人は名誉、地位、財産をもって成功とみなし、それを追求している。しかし、歴史の教訓は名誉、財産、功名に対して貪欲になると、人々に悲惨な代償をもたらすことを教えている。

人の一生で生命にとって得ることと失うことのうちどちらが有益なのだろうか？　これは人を熟考させる肝心要な問題なのである！

「貪欲過ぎることは必然的により多くの損失につながり、多くの財物を隠して施しを与える方法を知らない人は、必然的により多くのものを失うだろう」と老子は人々に忠告している。あらゆる物事は極点に達すると必ず逆の方向へ転化するのは、物極必反の法則である。だから、バランスを保つことが必要で、人に施し、貢献し、満足することを知って適当な所でやめられる人は恥ずかしい目に会うことはないだろう。この自然な法則は値千金の修道の秘密でもある。

足るを知れば貪欲にならず、また貪欲の気持ちなど生じるはずがない。適当な所でやめられる人は、過度の財産を得るはずもなく、災難に会わないだろう。知足と寡欲は人間の天性の美徳であり、人はみな本来幸せに生活できるのである。人間に内在する品行が明らかになれば、その天性の美徳が現れる。人は誰でも天空や大地のように永遠なる円満具足の人になれるだろう。

第四十五章　成功の象徴

〔第四十五章　成功之象〕
大成若缺、其用不弊。大盈若沖、其用不窮。大直若屈、大巧若拙、大辯若訥。躁勝寒、静勝熱。清静為天下正。

本当に完全なものは何かが足りないようであるが、その働きには欠陥がない。本当に満ちているものは空っぽのようであるが、その働きは永遠に尽きることがない。本当に真っすぐなものは曲がっているようであり、本当に巧妙なものは下手くそのようであり、本当に能弁なものは口下手のようである。動き回れば寒さをしのげ、じっとしていれば暑さをしのげると言うけどれも、清らかで静かなことこそが天下の理にかなっている。

❖　❖　❖

老子は人々に宇宙の秘密を教えているが、大道の法則はひとつの空間に保たれている。しかし、この道理と世間の人の認知とは相反している。最も完璧なものにも不足や欠陥があるようである。この欠陥があるから発展と改善の余地があるのであり、変化の可能性は無限だと思われる空間に残されている。

一個人が自分の欠点を認識できれば、自分の長所を生かし、短所を避け、成長し続けることができる。しかし、物事を行う時にやり過ぎてしまうと、往々にして予期しない結果になることがある。「道」を得た人は何かが欠けているように見えても、内心は安らいで調和し無碍自在であり、他の人にはそれが分からないだけである。得道の人は高ぶらず和してなめらかであり、決して満ちることのない生命の状態であるが、その謙虚で精進するエネルギーの原動力は無限である。

天地の間で陽は外にあり、陰は内にある。陽は動いて落ち着かないので、動き回れば寒さをしのげるという。陰は静であるので、じっとしていれば暑さをしのげるという。人は静清な心を維持して初めて陰と陽を調和させることができ、内面のバランスを維持するとともに物事の真相を洞察して、望ましい時期と機会を把握し、自己を終始正しい軌道に乗せられるのだ。「静清」という言葉はとても重要である！

第四十六章　足るを知れば、常に楽し

〔第四十六章　知足常楽〕
天下有道、却走馬以糞。天下無道、戎馬生於郊。罪莫大於可欲、禍莫大於不知足、咎莫大於欲得。故知足之足、常足矣。

天下が「道」によって治められていれば、軍馬は農業の生産用に使用される。天下が「道」によって治められない時は、仔馬は戦場で生まれる羽目になる。私欲が大きいほど罪当たりなことはなく、最大の禍は満足を知らないことであり、貪欲こそがまさに最大の間違いなのだ。だから、足りていると思うことで満足できる人こそ、永遠の満足を獲得できる。

❖　❖　❖

この章で老子は戦争について直接は説いていないが、軍馬のことを例にして戦争が人々にもたらす深刻な結果について話している。世の中の事が道徳に基づいて行われている時、馬は畑の耕作に用いられる。世の中が道徳の規律を尊重しない時、母馬も戦場に連れていかれ子馬は戦場で生まれることになる。軍馬は人の生命のことを示していて、戦争が人の生活に何をもたらすのか、人は自分自身の生命と生活にどのように対処するべきなのか、これは人々が深く省みなければならない問題である。

有道と無道は単に欲望のあるなしによって隔てられているが、欲望を抑えられるのは「道」に従っているのであり、欲望に苦しめられるのは「道」に従っていないのである。貪欲は人に対しては災いであり、国に対しては人々に与える塗炭の苦しみである。従って、私欲は時として悪の源であり、貪欲は災難の始まりであるが、満足を知ることは幸福の根源である。

満足を知ることは消極的な怠惰ではなく、積極的に行動することである。満足を知ることとは一種の自制心であり、不安な感情を減少させ、散乱した心を集め、心のバランスを再び確立することである。世間には様々な不安要素が横たわっているが、それを勇ましく乗り越えて行けば本当の自分が分かる。人がもし胸中に純真さを留めておければ勇猛になれるのだ。満足を知る人は自ら敗けたりはしないだろうし、素晴らしい人生を送ることができるだろう。

第四十七章　智慧は不思議

〔第四十七章　智慧通霊〕
不出戸、知天下。不闚牖、見天道。其出弥遠、其知弥少。是以聖人不行而知、不見而明、不為而成。

玄関から出ることなく世界のことを知り、窓から外を観ないで自然の摂理を知る。遠くへ出かければ出かけるほど、分かることはますます少なくなる。だから、聖人は何処へも行かないで物事の道理を知り、何も見ないですべてを洞察し、無駄なことをしないで成功する。

❖　❖　❖

この章で老子は感覚的認識と理性的認識の弁証法的関係を明らかにした。
普通の人は自分の経験と感覚的認識に従って、物事を判断し世界を理解する。しかし、人生百年での経験は限られている。もし、人が自分の見ているものが真実であるという見解に執着しているのならば、宇宙生命の真相を理解することはできないだろう。生命の法則を理解できない場合、学ぶ知識が多ければ多いほど、ますます混乱するだろう。

聖人は理性にもとづく認知によって世界を認識し、天地の法則を理解してから、気持ちを集中して感悟し、宇宙の真相が心の中で明白になる。だから、無形無相の自然大道を理解できるのだ。

老子のように大道を悟れば、物事の本質が見え、万物が変化し成長する中にある真相が何であるのかが分かるのだ。老子は五千言で「道」の本質を語り尽くし、世界のすべてのものを説明し、古今の出来事の背後にある本質と法則について説いている。

真理を探求することとは、すべての人の深い願望である。「道」の法則に従って物事を行うことは、誰もが常識的に感じているような「人の行いを天が見ている」ことではない。ではは何かというと、これは人間の思考ではこの常識をなかなか超えられないのだが、「天（自然）の営みを人が見ている」ということなのだ。この時に人間の思考が宇宙の高次元周波数と一致し、宇宙の高次元エネルギーを得て思いどおりに成功できるだろう。

第四十八章　「道」を為せば、日増しに損ねる

〔第四十八章　為道日損〕
為学日益、為道日損。損之又損、以至於無為。無為而無不為。取天下常以無事。及其有事、不足以取天下。

学問を修めると知識が日に日に増えてくるが、「道」を修めると私欲が日に日に減っていく。減らした上にまた減らし、そうして途切れることなく無為の境地に至るのだ。無為、つまりことさらなことをしなければ、できないことなどはない。世界を治めるには、することがないようにするのが必須で、いつも何かをしているようでは世界を治める資格が十分ではない。

❖　❖　❖

私たちは常に物事が進めば進むほどますますよくなり、社会が分業化すればするほど緻密になると考えているが、事実は往々にして想像とは反するようだ。単純さは最高のことであり、純粋は最も美しい状態である。人生も引き算で考えれば、軽快に前進でき、一生涯役立つこととなる。

本章で「道を為せば、日増しに損する」、という「道」を修める一つの秘訣が語られている。その中の「損」とは、精神的な欲望を排除し、人生の行き詰まりをきちんと処理し、日常生活の煩雑なことを取り除くことである。このようにして、清静な無為の法則を実践し、無私で道理にかなう境地に至るのである。

生命の旅の途中で積極的に過分な生活を勝ち取っても、自ら手放せば大智慧が修められるのだ。「得ることと失うこと」は、宇宙での陰と陽の関係であり、この関係が実証をもって理解できれば利害得失を考慮しなくなり、素朴に返り本来の真実の境地に帰ることができる。利害得失を考慮しなければ、どんなことがあってもみな簡単に対処できる。

第四十九章　民衆の心

〔第四十九章　百姓之心〕
聖人無常心、以百姓心為心。善者吾善之、不善者吾亦善之。徳善、信者吾信之、不信者吾亦信之、徳信。聖人在天下歙歙焉、為天下渾其心。百姓皆注其耳目、聖人皆孩之。

聖人には固定した願望はなく、民衆の願望を把握しそれを自己の願いとする。善良な人を私は善いとして待遇し、善良でない人も私は善いとして待遇する。これをすなわち、有徳の善という。誠実な人を私は信用し、不誠実な人も私は信用する。これをすなわち、有徳の信という。だから、聖人は天下に身を置く時、天下万民の心と渾然一体となる。人々はみな聖人の見聞するところに注目するが、聖人は人々を自分の子供のように扱う。

❖　❖　❖

この章は老子の「人間中心主義」の最も明確な表現である！　聖人が「民衆の心を自分の心とする」とは、彼ら聖人は自分自身に執着しないので、何時、何処でも、考え方を取り換えて、原因と結果を洞察できるのである。だから、彼らは陰と陽を調和させ、善悪を解決し、みんなに心から信任されるのだ。

聖人の善と信は彼ら自身の資質であり、それらは人と対処する時の手段ではなく、外的要因によっても本来の姿が変わらない理由は、「善を得られること」や「信頼を得られること」によるのである。だから、聖人は自分の意見で人の生活に口出しをしたりはしない。聖人が無為（ことさらなことをしない）になれば、庶民は有為（すすんでしようとする）になる。聖人が心を持たなければ、庶民は心を持つことになる。このようにして、庶民の生活は自由になり、聡明な才智が現れるだけでなく、素朴な天性も表出する。

聖人は民衆のことを自分のこととして扱っているので、民衆と聖人は心が通じ合う。これを達成するためには、私たちは落ち着きのないこの世間でも、寛容、平等、慈悲の心を修める必要がある。心とはどんな境地にあるのだろうか、それは善行と信用のある境地なのだ！

第五十章　養生の道

〔第五十章　摂生之道〕
出生入死。生之徒十有三、死之徒十有三。人之生、動之死地、十有三。夫何故、以其生生之厚。蓋聞摂善生者、陸行不遇兕虎、入軍不被甲兵。兕無所投其角、虎無所措其爪、兵無所容其刃。夫何故、以其無死地。

人はみなこの世に生まれいずれ死んで行く。十人いれば、寿命をまっとうできるのは十人の内の三人、寿命をまっとうできずに死んで行くのは十人の内の三人、本来長寿の可能性があるのに死んで行く者もまた十人の内の三人くらいいる。何故そうなるのかと言えば、それは生命に執着し過ぎるからである。伝え聞くところによると、「よく生きながらえる人は、陸地を旅しても猛獣にあわず、戦地に行ってもよろいや武器を身につける必要がない。犀は角で、虎は爪でその人を傷つけることはできず、兵器も刃でその人を切ることはできない」という。それは何故かと言えば、自然と死地を避けるからである。

❖　❖　❖

一人一人の生命プログラムはそれぞれ違うけれども、人生で最も大きな出来事は生と死であり、最も重要な課題は、よく生きてうまく死ぬことである。

この世の十人の内の三人は本来長寿であるが、勝手放題な行為や、過度な養生、或いは非道な行為の結果、寿命を損なうこととなる。実際、作為的なことさえしなければ、死ぬようなことはないし、災難も起きず、私たちはゆっくりと歩いていけるのだ。

「よく生きながらえる人」というのは一割程度に過ぎないが、危険から逃れ、危機を安泰に変えることができる。彼らは無欲無求、無我無執なので、他人に害を及ぼしたことがなく、恣意的に資源を保持したりしない。彼らは人知れず自分のすべてをこの世界に与えていて、他の人から損ねられることはないだろう。この世で彼らにとって死地や行詰りはないのだ！

本章では養生のことを話していると同時に、利を得て害も避ける処世術のことも話している。「自分で蒔いた種は自分で刈り取る」とあるように、どんな結果も自分に還ってくるので、すべては自分で創造できるという生命の過程である。結局、一人一人の選択はみな自分の人生、ひいては社会の発展に大きな影響を与えることになる。

第五十一章　道を尊び、徳を貴ぶ

〔第五十一章　道尊徳貴〕
道生之、徳蓄之、物形之、勢成之。是以万物莫不尊道而貴徳。道之尊、徳之貴、夫莫之命而常自然。故道生之、徳蓄之、長之育之、亭之毒之、養之覆之。生而不有、為而不恃、長而不宰。是謂玄徳。

「道」がものを生み出し、徳がそれらを養育する。物質が形体を構成し、時勢が成功するように促す。だから、万物は「道」を尊ばず徳を貴《たっと》ばないものはない。「道」が崇められ、徳が大切にされるのは、誰かの命令によるものではなく、自然と沸き起こるものである。「道」は万物を生成し、養育し、安心して成熟させ、潤いを維持させる。万物を生み育てても占有せず、手助けしてもその功績に頼らず、成就させても支配を加えない。これを深遠な玄徳という。

❖　❖　❖

「道を敬い徳を大切にすること」は、人生が成功する秘訣である。天地万物はみな大道の生むところであり、大徳がそれらを育てている。ただし、「道」は万物を創造しているが支配はしないし、生きているすへてのものを養育しても見返りを求めない。これは奉仕のみをして見返りを求めない偉大な精神である。人としてこれを行える人は、天と同じくらい高く、地と同じくらいの大きな美徳と力量を持っていることだろう。

誰もが自分の運命の設計者であり、人生のすべての成果は自分自身の「道」と徳に関連している。ただし、「道」と徳の崇高さは誰かに褒められて出てきたものではなく、万物を育てた結果であり、無我無名の謙虚な姿によるのである。

だから、もし大道の助けを得ようとするのなら、自然を自分に適応させることではなく、自分のリズムを整え、規則に適応し、玄徳を積んでいくことである。

第五十二章　同じ明りで互いを照らす

〔第五十二章　同明相照〕
天下有始、以為天下母。既得其母、以知其子。既知其子、復守其母、没身不殆。塞其兌、閉其門、終身不勤。開其兌、済其事、終身不救。見常曰明、守柔曰強。用其光、復帰其明、無遺身殃、是為襲常。

天下万物には本源があり、それは天地と万物の母親である。この母親のことを知れば、その子供のことを推察できるだろう。子供のことを知ったならば、その母親を見守っていかなければならない。そうすれば生涯危険なことはないだろう。みだりに見聞して知識を増やすことをやめ、それによる妨害を防げば終身憂慮することはない。知識に通じる道を開いて自分の才能におごり高ぶれば、生涯救う手立てはないのだ。変わらない「道」に気づくことを明白といい、柔弱さを守ることを揺るぎのない強さという。外を照らす知恵の光を借りて、もう一度もとからある内面の光明に立ち帰れば、我が身に禍は残らない。これを「常の道」を踏襲するという。

❖　❖　❖

大道と万物の関係は母と子の関係である。私たちは「道」のことを認識できて、初めて万物のことを認識できる。同時に、万物を認識できたら、「道」を忘れたり、「道」に背いたりしてはいけない。「道」は天地大衆の「お守り」である。「道」を敬い修めてこそ災難を避けることができ、平安となり、天下のことを知る。

無私は最も重要な特徴である。人生の中で不遇と災難に遭うのは、大半は自分の偏見に執着して独自の感覚や私欲を貪った結果である。一個人は自己の公的無私の天性を刺激し続けられるかどうかが、人生における成敗の鍵となる。

多くの人は外面の世界のみを見ている。「道」に従う人は、世間における「道に合う生き方」と「道を欠く生き方」の違う結末を見て、その認識によって自身の内心を照らし、自分を完全なものにしようとする。もし他の人をいつも監視したりしていると、精気神は外に漏れてしまうだろう。エネルギー不足のままで人生は発展向上するだろうか？

第五十三章　「道」に背いて心が馳せる

〔第五十三章　背道而馳〕
使我介然有知、行於大道、唯施是畏。大道甚夷、而人好徑。朝甚除、田甚蕪、倉甚虚、服為文綵、帯利剣、厭飲食、財貨有余、是謂盗夸。非道也哉。

もし、私にしっかりした大道の智慧があるのなら、大道の上を歩いて行き、邪《よこしま》な道を避けなければならない。大道はとても平坦で歩きやすいのに、好んで邪な道を歩く人がいる。国が腐敗し、田園は荒れ、国の倉庫には何もない。それなのに為政者は華麗な服を身にまとい、腰には鋭利な宝剣を帯び、美味しい食事を求め、財産も沢山持っている。これは強盗のようなものだ。彼らは「道」から外れている！

❖　❖　❖

老子は考える、「道」を理解できれば敢えて「道」に従わない人はいないだろうと！大道は普通にして単純ではあるが、人は総じてこれを視ても見えず、大切にすることを知らず、喜んで邪な近道を歩きたがり、道を誤り、知らず知らずに死路に入ってしまう。本章では、世間における「道」に背く行為を直接批判しているが、これは『道徳経』の中では実に珍しいことなのである！

もし社会に「道」がなければ、厳格な法令ができてしまい日常生活に事欠くようになり、人々は安心して生活できなくなる。およそ法に合致しない所得は「盗取」となる。これは自分で新たな価値を創造したことによるものではなく、その代わりに自分及び子孫の未来の幸福や健康や平安を前払いで受け取ることなのである。このような行為をして本当に価値があるのだろうか？　人が世間で生きるためには大道に従って正道を歩いて行くのだ！

第五十四章　徳を修練することを本とする

〔第五十四章　修徳為本〕
善建者不抜、善抱者不脱、子孫以其祭祀、世世不輟。修之於身徳、其徳乃真。修之於家、其徳乃余。修之於郷、其徳乃長。修之於邦、其徳乃豊。修之於天下、其徳乃普。故以身観身、以家観家、以郷観郷、以邦観邦、以天下、観天下、吾何以知天下然哉。以此。

しっかり建てられた柱は引き抜かれることはなく、しっかり抱《かか》え込まれた物は抜け落ちることはない。子孫がこのように「道」を守り祖先を祭っていけば、代々栄えて絶えることはないだろう。こうした徳を個人で行えば、その功徳は純真そのものであり、一家で行えば徳は有り余る程である。村で行えば徳は長持ちし、国で行えば徳は豊かになる。これを天下万民が行えばその徳は普く隅々まで行き亘る。

だから、自分自身を省みれば他の人を理解することができるのだ。自分の家庭を観察すれば他の家庭も理解でき、一つの村を観察すればその他の村も理解でき、一つの国を観察すればその他の国も理解でき、天下を観察すればすべての天下も理解できる。私がどうやって天下の情勢を知るかといえば、このようにしてである。

❖　❖　❖

本当の「善く建てる者」は宗教心を持っていて大道心は揺らぐことはない。本当の「善く抱える者」は臨機応変ができて、自分のことを差し置いて人心を集められる。このように「道」を伝承すれば、子孫は幸福に繁栄し、代々続いていくだろう。

社会は「身、家、村、国、世界」の五層から構成されている。これに相応する「真、余、長、豊、普」の五徳を我々は修める必要がある。この五徳は各層において個別のエネルギーと磁場を有している。

もし一身で修道して常に反省すれば、自分の気力を養って寿命を延ばすのみならず、周囲も潤し利益を与え、自分を家族や企業や社会の支柱にできるだろう。各団体が和諧し発展できるのは、すべて数多くの人知れずの貢献によるものであり、一人一人はみな違う分野を支えているのだ。もし、みんなが梁になれるのなら、仁義自生、礼楽繁栄、自己良化となるだろう。世の中に「道」がある時、人の心には喜びが溢れ、世界には悪行が少なくなる。

第五十五章　物盛んなれば則ち老いる

〔第五十五章　物壮則老〕
含徳之厚、比於赤子。毒虫不螫、猛獣不据、攫鳥不博。骨弱筋柔而据固、未知牝牡之合而朘作、精之至也。終日号而不嗄、和之至也。知和曰常、知常曰明、益生曰祥。心使気曰強。物壮則老、是謂不道、不道早已。

徳を深く修めた人は、生まれたばかりの赤ん坊のようだ。赤ん坊には毒虫も刺すことはないし、猛獣も襲わないし、悪さをする鳥も掴みかかることはない。骨は弱く筋肉は柔らかいがしっかりと手を握り、男女の交わりも知らないのに陰茎がちゃんと勃起するのは、その精気が充足しているからである。一日中力強く泣いても声がかすれないのは、安らいで調和しているからである。安らいで調和することを常にして変わらないものと呼び、常にして変わらないものを知ることを明智という。生命に有益であることを吉祥といい、心が精気を駆使することを強さが露呈するという。万物は過分に勢いがあればそれだけ衰えるのも早いものである。これを「道を遵守しない行為」というが、「道」を遵守しないと早々に滅びてしまうだろう。

❖　❖　❖

人生の盛衰栄辱はみな「含徳の厚さ」にある。赤ん坊は無欲無求で、他人の邪魔をしたり害したりはしないのだから、誰でも赤ん坊を見ると思わず笑顔になってしまうだろう。また、赤ん坊には余念がなく精気満々で、大道と同じように生気が充満している。人がもし和を知り、和を維持できれば、赤ん坊の純朴な状態に復帰でき、外部から妨害されず、傷つけられることもなく、どこに行っても吉祥如意となるだろう。これが和の境地である。

人はこの世にあって心には善悪があるが、気には分別がない。この「気」は先天的な純なものであるけれども、万物の基本要素を構成しているが、心を用いては掌握できない。もし、気を無理強いすると必ず後悔することになり、「物盛んなれば則ち老いる」とは、自然の法則である。

人生は利益と損失をうまく把握し、それに柔弱に対処できてこそ人生を長く幸福円満にできる。

第五十六章　智慧の光を和らげて世の中に同化する

〔第五十六章　和光同塵〕
知者不言、言者不知。塞其兌、閉其門。挫其鋭、解其紛。和其光、同其塵、是謂玄同。故不可得而親、不可得而疏。不可得而利、不可得而害。不可得而貴、不可得而賤。故為天下貴。

「道」を知る人は多くを語らない。べらべらと語りたがる人は「道」を知らないのである。心配事の孔を塞ぎ、妨害の門を閉め、才気が外に現れ出るのを防ぎ、単純さで複雑なことを納め、光明を伴って塵埃と同在する。これを玄の徳と同じになるという。この「玄の徳と同じになった」人には、近づくことも親しむこともできず、遠ざけて疎遠にすることもできない。利益を与えることもできなければ、損害を与えることもできない。敬って尊ぶこともできなければ、卑しんで侮ることもできない。そうして、玄徳は天下の人の最も貴ぶところとなるのだ。

本当の「道」を修めた者は、行動することを尊び、語ることを尊ばない。老子が語る「道」を修めた者は、「その兌《たい》を塞ぎ、その門を閉じ、その鋭を挫く」ように行い、気勢を張り上げたりはしない。また、「その紛を解き、その光を和げて、その塵に同じくする」ような柔和で謙虚な心を持っている。これらのことを実行できれば深遠で絶妙な大道を自ら悟れる。この境地を「玄同」と呼ぶ。

玄同は「道」を修める者の最高の境地である。この境地に達した者は、生きながらにこの世を超越し、世間にあっては世間を助け、それゆえに最高の人生の価値を実現する。実際、人と人、人と天地の間にはエネルギーの繋がりがあり、自己の意識を浄化し、妄想の干渉を取り除き、一心に善と「道」に向かえば、誰もがみな玄同の中に入っていけるのだ。

人は世界の尊い存在であり、道、天、地と共に四つの大きな存在である。人が尊いのは得道できるからであって、親疎遠近、栄辱得失、貴賤禍福に関して尊いのではない。老子は本章で、玄の徳と同じになった人に対して六つのできないこと、つまり親しむこと、疎遠にすること、利益を与えること、損害を与えること、貴ぶこと、賤しむこと、これらの

❖　❖　❖

できないことを用いて後進のために修道の鍵を与えている。

第五十七章　正によって国を治める

〔第五十七章　以正治国〕
以正治国、以奇用兵。以無事取天下。吾何以知其然哉。以此。天下多忌諱、而民弥貧。民多利器、国家滋昏、人多伎巧。奇物滋起。法令滋彰、盗賊多有。故聖人言、我無為而民自化、我好静而民自正、我無事而民自富、我無欲而民自撲。

公平正大のやり方で国を治めても、戦いでは勝利するための奇策を用いることもあるが、天下を統率するためには作為的なことはしないのが原則である。私がどうしてそのような原則を知っているかというと、世の中に禁忌が多くなると、人民の困窮の度合いは深まり、それにつれて人民は鋭利な武器を手にするようになり、国の混迷の度合いも深まる。人は投機でうまく利益を得ようと追求し、怪しげな物事が多く発生するようになる。法律や命令が厳正になると、ますます盗賊が多く出現する。だから、聖人は次のように言う、「私がことさらなことをしなければ、人々は自然に帰化し、私が謙虚に静かにしていれば、人々は自然に品行が正しくなる。私が何もしなければ、人々は豊かになる。私に欲望がなければ、人々は自然に質朴になる」と。

❖　❖　❖

国を治めるのは正しく行うのが普通の状態であり、軍隊の奇襲作戦は勝つことはできるが、本当の「天下取り」は、「無事（作為的なことはしない）」の状態で得られるものなのだ。そうでなければ、過酷になればなるほど、人々はますます困窮し、世相が悪くなり、おかしな物がはやり、盗賊が増え、混乱の現象が現れるだろう。

所謂「無事」とは何もしないということではなく、「無為、静寧、無欲、無事」という大道の心で、人々を「自らよくなり、自ら正しくし、自ら豊かになり、自ら質朴になる」という人にするのだ。つまり、自ら始めて不言の教えを実行し、自分のことをきちんとできれば、きっと周囲にも良い影響を与えることだろう。

家、国、そして世界はすべて有機的生命体であり、あらゆる生命は老子が説く「四つの自ら」を用いて、正しく「道」との連携を確立してその支持を得ることができる。世界が平和な時こそが、私たちの最大の富であり、最大の「道」であり、最大の徳なのである！

第五十八章　政治を行う原則

〔第五十八章　為政原則〕
其政悶悶、其民淳淳。其政察察、其民缺缺。禍兮、福之所依。福兮、禍之所伏。孰知其極。其無正也。正復為奇、善復為妖。人之迷、其日固久。是以聖人方而不割、廉而不劌、直而不肆、光而不耀。

政治がおおらかであれば、人々は誠実で純朴になる。政治が厳しいと、人々は恨み憤るようになる。禍には福が寄り添い、福には禍が隠れている。この循環の結果を誰が知ろうか？　禍福には定まった基準というものはないのだろうか？　表が裏に変わり、善が悪に変わる。昔から人々はこの種のことに迷い続け、おおらかさを理解できないでいる。だから、聖人はきちんと整っているけれどぎこちなさはなく、鋭いけれど人を傷つけない。率直だけれど勝手気ままではなく、光っているけれど眩しくないのである。

多くの人は災難に遭遇すると恐怖心から畏敬の念を抱き、そのあとで過去を振り返って因果関係を模索するようになる。物事を行う時、同じ過ちを繰り返さないように自分自身を規制し、言葉や行動を修正する。そうすれば、ものの道理が明白になり、成功を収め、天寿を全うし、そして最終的には禍を無いものにできるようになる。それに対して、福の中に居てもそのことを知らず、福を惜しまず、福を蓄積しないでいると、一旦傲慢や怠惰や愛着が生じるや福は消耗して尽きてしまい、そのうち災難に遭遇するだろう。

禍を福に転化する要点はどこにあるのだろうか？　それは「善の一念」にある。しかし、この一念は一時的に飛び出して作用するようなものではなく、長い年月の訓練による積み重ねが必要で、小さな川が大海に集まるように、自然に習慣が身に付いてこそ、重要な瞬間に役割を果たすことができるのだ！

❖　❖　❖

この章では四つの実践方法を説いている。それは、原則でありながら厳格ではなく、個性を持ちながら他人を傷つけず、率直だけれど勝手気ままではなく、輝きを放ちながら眩くないの四つである。これは聖人の処世の様子であるけれども、同時に大道の柔和で控えめであるが強靱で明るい本質でもある。

第五十九章　国を治めるには、徳を積み重ねる

〔第五十九章　治国重徳〕
治人事天、莫若嗇。夫唯嗇、是謂早服。早服是謂重積徳。重積徳、則無不克、無不克、則莫知其極。莫知其極、可以有国。有国之母、可以長久。是謂深根固抵、長生久視之道。

人民を治め上天に謹んで仕えるには、吝嗇《りんしょく》をわきまえることに過ぎるものはない。吝嗇をわきまえてこそ、早くから大道に従っているというのだ。早くから大道に従うと、功徳が厚く積み重ねられる。功徳を積み重ねると、勝てないということはなくなる。勝てないことがないとは、エネルギーの限界を推し量れないことで、推し量れない力量を持っていると国をよく治めることができる。立国の本があれば、いつまでも永らえることができるだろう。このことを深くしっかりと根を張ると言い表し、永遠に変わらない存在の道理である。

人生には二つの課題がある。一つは人を治めることであり、もう一つは天命に従うことである。「人を治める」とは、自分を管理し使命を果たすことである。「天命に従う」とは、天地自然の法則を見習い、利益を与えても害を及ぼさないことである。これら二つの根本にあるのは「嗇《しょく》」の一言である。「嗇」とは物事を大切にし、慎むという意思である。浪費癖のある人は自分の福を粗末にし、天と地の法則に違反し、本来の良い人生を台無しにしてしまうのだ。家や国のことを勤勉に質素に行うことこそが最も「道」に合うやり方である。

従って、修身は精と気を大切にし、治国は人民の財産を大切にしなければならない。これが「徳の蓄積」である。

徳を蓄積して初めて欲望を手放すことができ、物事の達成の速さを求めなくなる。そうすれば、往々にして反って早く天道が得られ、天下の人々をも心服させられるのだ。

❖　❖　❖

人生は耕作の過程である。優れた農夫は、早期の播種、勤勉な耕作、適時の収穫、及び十分な備蓄のために注意を払い、飢餓に直面しないように穀物を蓄積し、また防寒のための衣類も用意する。人は気が基礎であり精はその果実であるので、必ず気を多く溜め精を固く守れば、生命をしっかり維持することができる。人はこのようであり、企業はこのようであり、国もこのようである。

第六十章　道によって国を治める

〔第六十章　以道治国〕
治大国、若烹小鮮。以道莅天下、其鬼不神。非其鬼不神、其神不傷人。非其神不傷人。聖人亦不傷人。夫両不相傷、故徳交帰焉。

大きな国を治めるには、小魚を煮る時のように無闇にかき回してはいけない。このように大道によって自然に天下を治めるならば、鬼神は現れても祟《たた》ることはしない。鬼神は現れても祟らないのだから、その通力も人を傷つけることはない。鬼神が人を傷つけることがないばかりではなく、聖人だって現れても人を傷つけたりはしないのだ。両者は共に人に傷害を加えることはなく、そのあらゆる徳行はすべての人のものとなる。

❖　❖　❖

この章で老子は小魚を煮る時のように無闇にかき回さないという比喩を用いて、私たちに「程度」の大切さをよく感じ取らせ、「道によって国を治める」という民衆主体の考え方をさらに強調している。

「道」は最も効果があって最も善い治国の手法である。「道」が世の中に存在する時、正気はそこにあり、邪気は正気を圧倒できず、あらゆる邪悪なものの存在は見えなくなる。だから、みんなはそれぞれ自分の道を歩み、天命に安んじると同時に、それぞれ自分の地位を守り、自分の責任を果たせばよいのだ。逆に、道徳が失われ、人心に純朴さがなくなって生存が困難になる時、人間性の暗い側面に容易に触発されるようになるだろう……

従って、国、企業、家のいずれを治めるとも、人々を妨害せず、利益も自分のものとせず、天道のやり方に習って物事を行うならば、一人一人には生存と発展のための空間があり、それぞれ自分の場所を得て、自分の本分を維持することができる。このようにして世の中は自然に太平となり、社会も自然に安定するのだ。

第六十一章　外交は謙虚に

〔第六十一章　外交宜下〕
大国者下流、天下之交、天下之牝。牝常以静勝牡。以静為下。故大邦以下小邦、則取小邦。小邦以下大邦、則取大邦。故或下以取、或下而取。大邦不過欲兼蓄人、小邦不過欲入事人。夫両者各得其所欲、大者以為下。

天下の大国は下流に居る方がいい。下流は流れが交わって一つに集まる場所であり、天下の母になることができる。母は常に静かさによって柔なるものを陽や剛なるものに勝たせるが、静かさはへりくだっていることをも示している。だから、大国はへりくだって小国に対応すれば、小国の帰順が得られる。小国はへりくだって大国に対応すれば、大国の信頼が得られる。へりくだるから帰順が得られ、へりくだるから信頼が得られる。大国は小国にさらなる幸福をもたらしたいと考えているに過ぎず、小国は大国に頼りたいと考えているに過ぎない。両者がそれぞれの願望を叶えようとするならば、大国はもっとへりくだることに気を付けなければならないのだ。

❖　❖　❖

自然界では海は低いところにあるので、無数の川の流れを受け入れている。国を治めるのも同じであり、大国になればなるほどますます姿勢を低くし、海が百川を受け入れるように、清静によって世界の正となるのだ。

人は何時でも何処でも周囲に感謝して畏敬の念を抱くべきである。もし大にして大とせず、強にして強とせず、常に自分を低い立場に置くならば、資源や人材はあなたの所に集まり、あなたは沢山の愛に囲まれるだろう。しかし、謙虚さだけでは不十分で実践的な行動も必要である。

人と人との間や国と国との間では、地位や強さに関係なくお互いに尊重し合い、対等な立場で助け合って平和に共存しなければならない。これは世界で物事を行う原則である。他の人を心から引き立ててはじめて、自分をよりよく守ることができるのだ。

第六十二章　道は天下の貴きもの

〔第六十二章　道貴天下〕
道者、万物之奥、善人之宝、不善人之所保。美言可以市尊、美行可以加人。人之不善、何棄之有。故立天子、置三公、雖有拱璧、以先駟馬、不如坐進此道。故之所以貴此道者何。不曰求以得、有罪以免邪。故為天下貴。

「道」は万物を守るので善良な人の宝であり、また不善な人も頼りにするものである。美しい言葉は尊敬され、よい行為は人から重く見られる。人がたとえ不善なところがあったとしても、「道」はどうしてその人を見捨てることができるだろうか？　だから、人々が天子を擁立し、三公（太師、太傳、太保）が就任する時、精美な玉石で駿馬を飾って献上する儀式があるけれども、「道」を敬い「道」を論じる儀式に改めてみたらいかがなものか。昔から今までどうして「道」を特別に重視するのだろうか？　それは「道」に従えば求めるものが得られ、罪があってもそれを免れると云われているからではないのか？
それゆえに、「道」は天下の最も貴重なものなのだ。

❖　❖　❖

「道」はあらゆるものの玄機《さきがけ》を深く蔵しているので、歴史の興亡を判断するだけではなく、人間の善悪をも観察することができる。「道」の尊さは世間的な栄華や富貴とは比べようがないのだ。これに関して最も重要なことは次の二つのことである。第一に、遠くに出掛けて模索しなくても、自身を内省すれば真の「道」を得られること。第二に、「道」の法則を掌握できれば災いを回避でき、「道」を得れば助けてもらえることが多いということである。

人の度量と悟性は人によって異なり、「道」を悟った人は「道」をうまく活用するのが得意である。「道」をまだ悟っていない人は、「道」に適わなくても「道」に見捨てられることはない。実際上、みな「道」の中に居るので、「道」によって保護されているのである。

まさに、人生とは「道」のお陰があってこそなのである。従って、誰もが「道」を学び「道」を修めるのは人生で最も重要なことなのだ！　実は、良く暮らすことと真剣に修行することに矛盾はない。暮らしの場は最高の道場であり、修道はより良く暮らすためでもあるのだ！

第六十三章　小さなことから

〔第六十三章　小事做起〕
為無為、事無事、味無味、大小多少、抱怨以徳。図難於其易、為大以其細。天下難事必作於易。天下大事必作於細。是以聖人終不為大、故能成其大。夫軽諾、必寡信、多易必多難。是以聖人猶難之、故終無難矣。

行動とは、わざとらしくすることではない。事を行うとは、ことさらにすることではない。飲食と会話はあっさりがよく、小さなものを大きいとし、少ないものを多いものとする。怨恨には恩恵の気持ちをもって報いるのだ。困難を解決したいと考えるならば、容易なうちに手を着けるべきである。大きなことを実現するためには、小さなことから始めるべきである。天下の難事は必ず簡単なことから始める。天下の大事は必ず小さなことから起こるものであるからだ。聖人は終始尊大ぶらないから、偉大な人になることができる。

軽々しく引き受ければ必ず信用を失う。すごく簡単に見えるものは必ず多くの困難に遭遇するだろう。聖人は困難であることを重視するので、最後には困難はなくなるのである。

❖　❖　❖

「道」を修め、徳を養う三つの原則は、「特に何もしないという事を行い、特別な事のないものに携わり、味気の無いものを味わうこと」であり、これは人生の平安と成功の秘訣でもある。生活において、素朴で地味だが誰が見ても真実なものになればなるほど、人々からますます無視されやすくなる。これは人々が物事の大きさや完璧さを欲張って求めると、大きなことの中の小さなことや、完璧さの中の些細なことを忘れてしまうのと同じようなことなのだ。

老子は常に「弁証法的な思考」で物事の真実を分析している。この「道」に適う境地に至るには、三つのことを行う必要がある。第一に、平静にして特別なことをせず、人から受けた怨みには徳をもって報いる。第二に、容易なことから着手して困難を克服し、小さなことから始めて大きなことを実現する。第三に、同意することを重んじて常に信頼を守り、終始同じようにする。

聖人が聖人になれる理由は、彼らが常に自分自身のことは小さく見ているが、物事を非常に重視しているので、困難なことも容易になるのである。これが厚徳である。人生において厚徳であってこそ物事を成し遂げられるのだ。

第六十四章　始めから終わりまでまっとうする

〔第六十四章　善始善終〕
其安易持、其未兆易謀。其脆易泮、其微易散。為之於為有、治之於未乱。合抱之木、生於毫末。九層之台、起於累土。千里之行、始於足下。為者敗之、執者失之。是以聖人無為、故無敗、無執、故無失。民之従事、常於幾成而敗之。慎終如始、則無敗事。是以聖人欲不欲、不貴難得之貨。学不学、復衆人之所過、以輔万物之自然而不敢為。

安定した状態は維持しやすい。まだ兆候の現れていない問題は手だてが立てやすい。脆弱なものは壊れやすく、微細なものは消しやすい。必要な措置は物事が発生する前にやらなければならない。事柄の処理は混乱が起きる前にしなければならない。一抱えもあるような樹木も小さな萌芽から成長する。何層もの高台も一籠一籠土を積み重ねて出来たものである。千里の道も一歩から始まる。人は強行に何かをしようとすると必然的に失敗してしまう。融通がきかないと必ず損失してしまうのだ。

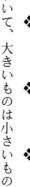

聖人はことさらなことはしないから失敗はしないだろうし、自分の意見に固執しないから失うものもないだろう。人々は何かをする時、もう少しで成功しそうな時に失敗してしまう。もし、物事を終わらせる時に始めの時と同じように慎重にやれば、失敗することはないだろう。だから、聖人が望むことは、人々が貪欲な心を起こさず、得難い貴重な財物を重要視しないことである。他の人が学ばないことを学ばせて、大衆の過失を改めさせる。聖人は万物の自然な発展を助けるが、敢えてやりたい放題なことはしない。

❖　❖　❖

あらゆる物事において、大きいものは小さいものから生まれ、高いものは低いものから積み重ねられ、遠いものの起源は必ず近くにある。従って、すべての物事の始まりは単純で小さなものである。物事が始まる時、災いの種を芽のうちに摘むようにして防いで事前に対応できたら苦労しなくて済むのだ。始めがよければ、半分は既に成功できているといえる。たとえこのようであっても、「道」を修めた者は始めと終わりの過程を一様に重視し、慎重に準備して進むので容易に失敗はしないのである。

普通の人と聖人との違いは次のようである。普通の人は自分の功績を誇りにしているが、聖人は自分の才能を隠してじっと時節を待っている。普通の人は身分不相応で贅沢な生活を好むが、聖人は玄徳を修めようと努力している。普通の人は機知に富んでうまくやっているが、聖人は愚弱な姿勢を守っている。実は、世の中で高く評価されている学問の多くはとっくに無視されている。聖人は常に自身の徳行のもと、不言の教えを実行し、万物が本性に回帰することを助けている。ことさらなことをしないことを仕事として、社会に安定を回復させようとしている。人生において、自然に無為のやり方に順応するとは、するべきことをすることであって、やりたいことをするのではないということである。

第六十五章　大智は愚かのようだ

〔第六十五章　大智若愚〕
古之善為道者、非以明民、将以愚之。民之難治、以其智多。故以智治国、国之賊。不以智治国、国之福。知此両者、亦稽式。常知稽式、是謂玄徳。玄徳深矣、遠矣。与物反矣、然後乃至大順。

昔の「道」をよく修めた人は、人々を聡明にしようとはせず、実直温厚で素朴になるように教えた。人々を治めることが難しいのは、彼らの頭が良いからである。智の技巧によって国を治めれば国に害をもたらし、智の技巧によらずに国を治めれば福の恵みがもたらされる。この二つの結果の違いを知れば、治国の法則を理解できる。この法則を知ること、これを玄妙の徳という。玄妙の徳は非常に深遠で一般的な道理や法則とは相反するけれども、このようだからこそ自然に順応できるのだ。

◆ ◆ ◆

「道」を充分に修めた人は、「道」の法則を明らかにし、玄徳の深く厚い人であり、彼らの智慧は往々にして誰もが想像するものとは異なる。ほとんどの人は自分自身の利益のみを考えているが、道者はひたすら他の人の利益を考えているからである。だから、本当の聖人はまるで愚者のようなのだ。

「愚」は善と悪の区分のことではないし、ぼーっとした無知蒙昧のことでもなく、無欲無求の状態で表わされる自然な素朴さである。もし愚者のようにして国を治め、徳をもって人を得心して従わせれば、必ず民衆は純朴となり、平和で繁栄した時代を築くことができるだろう。これが国の本当の幸せであり、民衆の幸せでもある！　国を治めるのはこのようなものであり、世の中のすべてもみなこのようなものである。

愚直を守るには自己の妄念を降参させる必要があり、一個人の妄念を降参させる能力と、積み重ねる玄徳は正比例の関係にある。人が余計な智慧を棄て愚直を守れば、結局は失うことはないだろう。だから、人は極端な事を避け、贅沢を避け、傲慢な心も避けて、本来の素朴さに返り天性に戻ってこそ、人生が思い通りに順調にいく境地へ至るのだ。

第六十六章　謙虚にへりくだり

〔第六十六章　虚心謙下〕
江海所以能為百谷之王者、以其善下之、故能為百谷王。是以聖人欲上民、必以言下之。欲先民、必以身後之。是以聖人処上民不重、処前民不害。是以聖人楽推而不厭。以其不争、故天下莫能与之争。

大河や大海が沢山の川が集まるところの王である理由は、大河や大海が下流にあるからで、だから沢山の川の王者になれるのだ。聖人は民の上に立とうと思うならば、必ず言葉を謙虚にしなければならないし、民の先頭に立とうと思うならば、必ず自身の利益を後回しにしなければならない。このようにすると、聖人が高い所に居ても人民は重荷と感じることはなく、聖人が先頭に居ても有害だとは感じない。だから、人々は皆喜んで彼を推挙するけれども、嫌になって見捨てることはしない。彼は誰とも争わないので、世の中に彼と争うことのできる者は誰もいない。

❖　❖　❖

世の中の競争で自分が負けない場所とは何処だろうか？　老子が我々に注目させるのは、大河や大海は常に下流にあって幾百もの谷川が集まっているので、周囲もよく従うということである。これは大自然が私たちに与える回答である。

指導者を目指す人は、まず自分自身を「道」を知る人にしなければならない。つまり、身を修め、徳を積むことに取り組む必要がある。まず、仕事の場を、「無我利他（自分より他人の利益を優先する）」を実践する最適な道場と見なすことである。賢明な指導者は自分よりも優れた後継者を育てることができる。これは公を重んじ、私の無い徳の厚い人であってこそ、可能になることである。

自分を下にしてこそ上に立つことができ、後退してこそ前へ進むことができるのは天の法則である。従って、謙虚、寛容、低姿勢とは「内なる聖」である。一方、心を尽くして献身し、人と争わないのが「外なる王」である。人生において、人との争いは往々にして単なる一時的な勝敗であるのに対して、謙虚な姿勢で人と争うことなく自ら努め励んでやまない人が人生では勝てるのだ！　天下は世の人々の天下であり、内なる聖であると共に外なる王である人こそが、天下も一緒になって推す名実相伴う王者になれるのだ。

第六十七章　「三つの宝」の光

〔第六十七章　三宝之光〕
天下皆謂、我道大、似不肖。夫唯大、故似不肖。若肖、久矣其細也夫。我有三宝、持而保之。一曰慈、二曰倹、三曰不敢為天下先。慈故能勇、倹故能広、不敢為天下先、故能成器長。今捨慈且勇。舎倹広、舎後且先、死矣。夫慈以戦則勝、以守則固。天将救之、以慈衛之。

世の中の人は皆、私たちの「道」はすごく大きくて似たものはないと言うけれど、そのあまりの大きさのために、「道」と比較する方法はないのだ。もし、「道」が一つのものの話であったとしたら、それは最早小さな取るに足らないものなのだ！　私には三つの宝があり、いつも大切に身につけて守っている。第一は慈しみの心、第二は倹約、第三は自分から天下の先に立たないことである。慈しみの心があるからこそ真に勇敢であり、倹約するからこそ広く施すことができ、自分から人々の先頭に立とうとしないからこそ、人々の領袖になることができる。ところで今、慈しみの心を捨てて勇敢になろうとし、倹約することをやめて広く施そうとし、謙虚であることをやめて先頭に立とうとするならば、命を落とすことははっきりしている。慈愛を考えながら戦えば勝利することができ、守りに用いれば堅固である。天はいつでも人を救おうとしているが、それは慈愛の心からなのだ。

❖　❖　❖

この章の核心は、「私には三つの宝があり、それを保持すること」である。もし、私たちが「慈愛、倹約、敢えて天下の先に立たないこと」をしっかり実践できれば、人生はきっと輝かしい大道の上を歩くことだろう！

世の中のあらゆる対立や紛争は慈しみの心が無く、倹約して暮らさず、人を押しのけて先んじようとすることから発生している。もしこのままならば、人が持っている生まれつきの寛容心、純朴さ、静穏さも失われて尽きてしまうだろう。この天性が失われると、必然的に人生は敗亡に繋がってしまうだろう。私たちを制限するのは規律ではなく、私たち自身が自分自身を制限してしまうからなのだ！

慈悲心のある人は自分の欲望を抑え、継続的に努力することができる。だから、人生の最大の願い事は他の人をより良くし、世のすべてのものをより良くすることなのだ！　何故天はあなたを救うのだろうか？　それはあなたの慈愛と功徳の力に引き寄せられるからである。実は、この「天」は別の人ではなく、あなた自身なのである。

第六十八章　人の力を用いる

〔第六十八章　用人之力〕
善為士者不武、善戦者不怒、善勝敵者不与、善用人者為之下。是謂不争之徳、是謂用人之力、是謂配天古之極。

統師にあたる人は武勇を見せびらかさない。善戦する者は安易に怒らない。うまく敵に勝つ者は無理に争わず、うまく人を使う者は相手にへりくだる。これを人と争わない品徳といい、これを人の力量に働きかけるといい、自然に順応する道という。

❖　❖　❖

老子の戦争観は「戦わずして相手兵士を征服すること」である。すなわち、最も完璧な勝利は戦わずに勝利を収め、徳をもって人を納得して従わせることである。

従って、軍隊を率いることに優れている者になればなるほど、急迫した情勢下でも人に察知されないようにし、兵力を乱用してみだりに戦争したりはしない。征戦することに優れている者になればなるほど、心を水のように平静にして、軽々しく怒ったりはしない。敵に打ち勝つことに優れている者になればなるほど、柔弱を守って、正面から立ち向かうことはしない。人を使うことに優れている者になればなるほど、喜んで姿勢を低くし、唯我独尊になったりはしない。これらの「戦わず、怒らず、組まず、争わず」は、「道」の境地であり、成功の境地と幸せの境地でもあるのだ！

俗世間では、「道」を修めた者こそが災害の発生を断つ能力を持っている。この者は人と相争うことはしないけれども、実はいつも無形の磁場で災害と力比べの競争しているのだ。だから、徳の行いは人生の勝敗や盛衰を決める根本なのである。

第六十九章　敵をあなどると、禍は大きくなる

〔第六十九章　軽敵大禍〕
用兵有言。吾不敢為主、而為客、不敢進寸、而退尺。是為行無行、攘無臂、無敵、執無兵。
禍莫大与軽敵、軽敵幾喪我宝。故抗兵相若、哀者勝矣。

兵法家は言う、「敢えて自分の方から攻勢を取らず、むしろ守ることを先にする。一寸進むよりも、むしろ一尺でも退く」と。これは戦闘態勢が整っているけれども配置を動かす様子がなく、腕を奮って進撃しなければならないのに腕を挙げる気配もないのと同じようなものなのだ。また、敵に直面しても打ちかかる相手がいないし、武器があってもそれを手にしないのと同じようなものなのだ。

禍は敵をあなどることよりも大きなものはなく、敵をあなどればほとんど自分達の宝を失うことになる。だから、両軍が対峙した時は、悲しげで弱弱しい方が勝つのだ。

用兵術で言えば、先を争うのは「主」であり、後退するのは「客」であるため、有徳の人は敢えて「主」とはならないで、「客」となるのである。城を攻め敵の領地を侵略し、金銭や財産などを貪ることは「進」であり、門を閉じて城を守り、質素な生活に安居することは「退」である。だから、有道の君主はわずかの距離を進撃するよりは、むしろ大きく後退することにする。

❖　❖　❖

老子の反戦思想は、戦争を好むことと敵を過小評価することに反対はするけれども、戦争を恐れてはいない。どんな強大な国も平和を忘れて戦争ばかりしていれば、いずれは滅んでしまうだろう。しかし、天下が平和であっても戦争を忘れていると、いつかは国が危うくなるものなのだ。老子が説いているのは、兵力を持っていても示す必要はない、強健でも見せる必要がない、敵がいても殺し合う必要がない、武器はあっても手に取る必要がない、ということである。これは怒らなくても威厳を示し、何もしなくても勝利を招くという最高の境地である。

人生において、利他的行動をする慈悲深い人になってこそ、安楽の地を作ることができるのだ。だから、あらゆる成敗禍福は自分自身の習慣と言行の結果であり、これが人生の真相である！

第七十章　聖人の心の源

〔第七十章　聖人心源〕
吾言甚易知、甚易行。天下莫能知、莫能行。言有宗、事有君。夫唯無知、是以不我知。知我者希、則我者貴。是以聖人被褐而懐玉。

私の言葉は大変分かり易く、大変実践し易いのに、世の中の人は意外にも物分りがよくないので実践できないのだ。私の言葉には意味があり、行動には根拠がある。ただ、人々の知るところははなはだ少ないので、私のことを理解できないのだ。私のことを理解する人が少なければ少ないほど、私を見習う人はますます貴重で得難い存在になる。このようだから、聖人の外見は普通だけれど内に宝玉を抱いているのである。

❖　❖　❖

人生は有限であるが、純粋な心は無限である。老子の精神は古今に通じ、既にあらゆる面に浸透している。老子は分かり易い言葉で幽玄な大道の真理を説いているが、人々にとってそれを信じることが難しく、また実践するすべもない。これは彼らの精神が既に汚されてしまっているからである。

自覚をもって「道」を修める人は耳を傾けるだけでなく、大道を学んで怠らず、休まず実践する。彼らは歴史的使命感が強く、国と社会に奉仕することに尽力している。このため、彼らは皆是非善悪に耐えられ、孤独を耐え忍び、我慢して練磨することができる。どんな困難に直面しても初心を忘れることなく、諦めたりすることは決してないのだ！

真に「道」を悟った人の外見はごく普通に見え、その人の陽光は内に包まれているので、普通の人には見分けがつかない。「道」は人々の本性を変えさせ、次元を高め、羽化させ、そしてより良い自分になることができる。「道」を学ぶことは人生で最も幸せなことなのだ！

第七十一章　認識の仕方

〔第七十一章　認識心態〕
知不知、上。不知知、病。聖人不病、以其病病、夫唯病病、是以不病。

知っていても知らないと思うのが最上で、知らないくせに知っていると思うのは欠点である。聖人にはこのような欠点はない。何故なら聖人は欠点を自覚していてこれを改めるからである。聖人はこのように欠点を知っているので、欠点とはならないのである。

❖　❖　❖

絶対多数の人が抱える「共通の欠点」は、自分が正しいと思ってしまうことである。自分の知らないことや、制約のあることや、更には不足分を改善する必要があることを明白に理解していること、これを上徳という。逆に、知らなくても知っていると主張したり、すごい能力を持っていると自惚れるのは、思考上の深刻な誤りである。

老子は所謂知識を捨てるのではなく、「知らないこと」を改善する余地のあることとして捉えることを求めている。これは人類の「小さな智慧」と宇宙の「大きな智慧」を比較して導き出された結論である。だから、「知らないことを知っている」とは、本当の智慧なのだ！

実際、どんなに分からないことがあったとしても、率直に認めれば面目を失ったりはしない。他の人に教えを求め、進んで助けを求めることは、他の人と繋がる最良の方法でもある。そうでなければ、たえず執拗に「何もかもはっきり解っている」と考えるのなら、これは精神的な障害になるだけでなく、外面的には進歩の阻害であり、得ることより失うことの方が大きいのだ。聖人はこのような心理状態による危険な損害を理解しているので、このような戒めができるのだが、これは「欠点を自覚できるので、欠点とはならない」ということである。

第七十二章　真の権威

〔第七十二章　真正権威〕
民不畏威、則大威至。無狎其所居、無厭其所生。夫唯不厭、是以不厭。是以聖人自知不自見、自愛不自貴。故去彼取此。

もし人民が権威を恐れなくってしまうと、どんな災難だってすぐにやってくるのだ。人民の落ち着き場所を妨害したりして人民の暮らしを押えつけてはならない。人民を押えつけなければ、人民から嫌がられて見捨てられることはないだろう。聖人は自分のことをよく知っているので独善にはならない。自分自身を大切にしても、自分を高貴な立場に立たせない。だから、聖人は独善になって高貴な立場に立ったりしないで、自分を知って自分を大切にすることの方を選ぶのである。

誰もが法律、自然、そして生命を畏敬する心を持たなければならない。人間の権威がいくら大きくても、天の威光に比べられないことを知っていなければならない。もし人民が権威を恐れなくなると、恐ろしい災難がやってくる。

❖　❖　❖

いかなる事情でも何かが混乱する前には必ず前兆があり、あらゆる混乱は規律への畏敬の欠如によって引き起こされる。人間が生きられる理由は、精気神[註]が相交り融和するためである。そして、人間の心には意識があり、もし心の静けさ、優しさ、広大さを失ってしまうと不安や抑圧を感じ、病気になったり、自ら災を招いたりしてしまう。従って、私たちは常に自分自身を内省し、心を清めて、精神を美しい庭のようにしておけば、人生において尽きることのない力が出てくるのだ。

　人が諸事を行う最高の境地は、他の人に暖かさと快適さを感じさせる境地である！　自尊心から解放された人こそが、自分を知り、自分を愛することができ、天下の委託を受け入れる資格がある。

※註、略述すると精は精力とかエネルギーのこと、気は元気とかの気、神は神経や意識とかの意味。

第七十三章　悪事を働くと、必ず天罰が下る

〔第七十三章　天網恢恢〕
勇於敢則殺、勇於不敢則活。此両者、或利或害。天之所悪、孰知其故。是以聖人猶難之。天之道、不争而善勝、不言而善応、不召而自来、繟然而善謀。天網恢恢、疏而不失。

勇気があって強がるとよい死に方はしない。勇気があっても強がらなければ生きる道はある。この二つの勇気は、一方に利をもたらし、他方に害をもたらす。天は何を憎むのか、一体誰がそのわけを知っているのだろうか？　たとえ聖人であってもよく分からないだろう。上天の道理というものは、争わないでうまく勝ち、ものを言わないでうまく回答し、招いてはいないのに自ら来させるようにしたりと、ゆったりであるがよい手だてを考えているのだ。天の網は広大無辺で目が粗くても、何ものも取り逃がすことはない。

❖　❖　❖

この章で説いている「勇気」は、二つのまったく異なる人生の態度であり、本質的には柔と剛の違いである。但し、柔には限界がないわけではなく、剛はやみくもな横暴ではない。日常生活の中で、自分がするべきことは勇敢に行うべきであり、また、するべきでないことは敢えて「しない」と言わなければならない。拒絶というのは、それ自体ある意味で「敢えてしない」ということである。

天は高さを争わないが、万物は天を畏敬している。天は何も言わないが、万物は自発的に呼応している。天はこうしなさいと呼びかけないが、万物は自ら陰の気を背負い、陽の気を胸に抱いている。天道は寛大だけれども、法則があって運行していて一時もおろそかにはしない。人が行うすべての善と悪は、その報いはみな自分が受けることとなり、これが法則の力である。

「天網恢恢粗にして漏らさず（天の網は粗いように見えても、何ものも取り逃がすことはない）」は、老子の千古不朽の格言であり、世間の非難を物ともせずに平然と天下の大罪を犯す者への忠告でもある！　社会が道徳文化の糧と綱領を持っていなければ、法の網がいくら厳密でも多くの抜け穴があるのだ。老子の智慧は「かくべつな事をしないで、天下を手におさめる」ということである。

第七十四章　刑典弁証

〔第七十四章　刑典辨証〕
民不畏死、奈何以死倶之。若使民常畏死、而為奇者、吾得執而殺之、孰敢。常有司殺者殺、夫代司殺者殺、是代大匠斫。夫代大匠斫者、希有不傷其手矣。

人民が死を恐れなくなれば、どうして死刑で彼らを威すことができようか。もし、人民が死後の恐ろしさを知っているのに、様々な悪事を働く人を捕まえて殺すことを誰が敢えてするのだろうか？　上天は人を殺す罰を取り仕切っているのに、上天に代わって殺すことは、大工に代わって木を切るようなもので、自分の手を怪我しないものはいないのだ！

❖　❖　❖

人生の最大事は生死に過ぎるものはなく、もし人が死さえも恐れていないのなら、他にどんなできないことがあるのだろうか？

　老子は次のことを言っている。社会に問題が生じた場合、統治者は自己を反省して徳によって人を教え導くのではなく、厳しい刑罰をもって威嚇して鎮圧しようとしがちであり、このままでいったら人々の生活によりどころがなくなり、社会は不安に揺れ動くことになるだろう。反対に平時から人々を大切にし、衣食に満ちた生活をさせたら、誰もが生命を大切にして豊かな暮らしを楽しむことだろう。こんな時に、少数の秩序を乱す輩があったとしても、軽い刑罰を用いさえすればこの輩を思いとどまらせることができるのだ。

　生命は大道からの世界への最も美しい贈り物である。生命は「道」から生まれ、さらに「道」の法則に従って終わりまで生きなければならない。万物において「死を司る」のは天道にしかできないのだ。人間社会でもその刑を実行する専門部署がある。だから、帝王から庶民に至るまで誰もが越権行為はできないのであり、権勢を利用して勝手に人を殺してはいけないのだ。否、越権したら必ず痛手を受け、「道」に背けば必ず自分自身に災いを招くだろう！

第七十五章　生を尊ぶより、生にこだわらず無為自然に

〔第七十五章　賢於貴生〕
民之飢、以其上食税之多、是以飢。民之難治、以其上之有為、是以難治。民之軽死、以其上求生之厚、是以軽死。夫唯無以生為者、是賢於貴生。

人民が飢餓に苦しむのは、統治者が税をたくさん取り立てるから飢餓に苦しむのである。人民が治めにくいのは、統治者がやりたい放題にやるから治めにくいのだ。人民が死を恐れないのは、統治者が贅沢をしてまでして生に執着するからであり、そのため死を恐れないのだ。養生を当然のこととして重要視しない人こそ、本当に生命を大切にする人である。

❖　❖　❖

多くの人が強くなりたいと思っている理由は、強者が高い位置に居てやりたいことが何

でもできるように見えるからである。ところが実は、災難はそのような考えが生じた瞬間から既にひっそりとやって来ているのだ。

実際、世界の万物はバランスを保っている。高い地位にある人は世間を養育する責任を負っているだけでなく、理解しがたい批判も引き受けなければならない。社会や大衆からの監督を受け入れることができるだけでなく、自分自身の言動を慎重に抑制しなければならない。責任を果たせば大衆に奉仕することができるが、それができなければ高く昇るほど落下はますます悲惨なものになる。

この章で老子は、「民衆は飢えに苦しむ、民衆は治めにくい、民衆は命を軽んじる」の三つの問題を分析し、世間の人を喚起している。素朴を誉れとし、享楽を恥じとして、他の人の生命を大切にすれば、自分自身の性命も大切にできる。貪欲になってはいけないし、養生し過ぎてもいけない。このようにしてこそ、災難は徐々に解消され、社会は長期的に安定し、民衆もまた幸福で健康になれるのだ！

第七十六章　柔弱に生きる

〔第七十六章　処柔処弱〕
人之生也柔弱、其死也堅強。万物草木之生也柔脆、其死也枯槁。故堅強者死之徒、柔弱者生之徒。是以兵強則滅、木強則折。堅強処下、柔弱処上。

人は生きている時は柔らかくしなやかであるが、死んでしまうと硬くこわばってしまう。草木も成長している時は柔らかく弱いけれども、死んでしまうと枯れてしまう。だから、堅強なものは死者の仲間で、柔弱なものは生者の仲間なのである。それゆえ、武器を使って強がる者は必ず滅亡し、樹木も堅硬なものは伐採されてしまう。およそ強大なものは下位につき、柔弱なものは上位に居るのだ。

❖　❖　❖

柔性の力は、人に強靭性と弾力性を与えることができるのであり、それは逆境や魔の試練に遭遇しても、生命の奇跡を生み出し、全身に活気をみなぎらせてくれるのだ！

万物は化育が始まると、内なる陰と陽は和合し、精が満ち神経も豊かになり、形体は弱い骨と柔らかい筋によって顕現する。それに対し、死亡の際には内面の和気が尽き、精神が緩み、身体は硬くしおれてしまう。だから、「柔弱」は生命の始まりを象徴するだけでなく、和気と活力を表している。逆に「堅強」は敗亡の始まりを示すだけでなく、同時に対立と危険を意味する。

従って、強大な者は弱さをも示しているのだと理解でき、もろくて弱い者こそがその威勢を喜んでいる。人生の道は自分でしか選ぶことができない。紛争を選択すると不幸の道に偏り、和諧を選択すれば好運の門につながることができる。

第七十七章　天道と人道

〔第七十七章　天道人道〕
天之道、其猶張弓歟、高者抑之、下者挙之。有余者損之、不足者補之。天之道、損有余而補不足、人之道、則不然、損不足以奉有余。孰能有余以奉天下。唯有道者。是以聖人為而不侍、功成而不処、其不欲見賢。

自然の法則は、譬えれば弓を引っぱっているようなものではないのか？　弓の高い方は圧力を加えて低くし、低い方は引き上げる。余ったものを減らし、足らないものを補う。自然の法則は余ったものを減らし、それを用いて足りないところを補充する。ところが、人間のやり方はそうではなく、往々にして足らないものをさらに減らして、余っているところに捧げる。一体、誰が余ったものを世の中のために差し出すのだろうか？　道を得た人だけができることである。だから、聖人はよいことをしても自ら占有しないし、大きなことを成し遂げても自分に徳があるのだとは言わない。しかし、欲望がないので反って自己を成就できるのだ。

❖　❖　❖

天道の特徴は宇宙万物の創造者と養育者であるだけでなく、万物の運行と変化をバランスさせる者でもある。強者を抑圧し弱者を支援することは天道のバランス法則であり、天道と人道の最大の違いでもある。

真に悟りを開いた人は、何をしてもバランスを保つことができる。彼らは無私の貢献をし、見返りを求めない。物事を成し遂げてもそこには居続けない。彼らは天道の損失と利益のバランス法則をよく知っているので、得失の有無を胸中に留めたり、他の人に自分の行為を理解することを求めない。法則を実践することを生命の本能としている。

これを少しでも行うことは、「道は隠れていて名前はない」のように、あなたのする事は必ずしも世間に広まってはいないけれども、あなた自身は人生の王者になっている。これは世間のどんな名声や利益とも比較できないほどの成功なのだ！

第七十八章　正しい言葉は逆のように聞こえる

〔第七十八章　正言若反〕
天下莫柔弱於水、而攻堅強者莫之能勝、以其無以易之也。弱之勝強、柔之勝剛、天下莫不知、莫能行。是以聖人云。受国之垢、是為社稷主。受国之不祥、是為天下王。正言若反。

この世界に水より柔らかで弱いものはない。しかし、堅く強いものを攻めるには水に勝るものはない。いかなるものも水の代わりをつとめることはできない。弱いものが強いものに勝ち、柔らかいものが剛のものに勝つことは誰でも知っているけれど、それを実行できるものははなはだ少ない。だから、聖人の言葉にこうある。「国家の恥辱を引き受けられるものは、国家の君主と称され、国家の災難を引き受けられるものは、天下の王と称される」。本当に正しい言葉は、反対のことを言っているように聞こえるものである。

水は柔弱に見えてもどんな形の容器にも入ることができ、どんな障害物があっても続けて流れて行き、裂け目からは激しく流れ出ることもできる。水はまた強大なものでもあり、山などを包み込み、万物を潤すことができる。更に、鉄を磨き、金を溶かし、その勢いで物を簡単に壊すこともできる。従って、水の柔弱というのは軟弱無力のことではなく、堅忍不抜の信念とエネルギーを持っているということである。

水は火を消し、陰は陽を消すことができる。これは世の中の誰もが知っている道理であるが、それを実践する人はとても少ない。何故なら、世間の多くの人は柔弱を恥とし、強大尊貴を光栄だと思っているからである。水のように下位に居ることに甘んじ、謙虚で柔静な品質を自己の生命の中に溶け込ませることは、人生における最も必要な真の修練である。

一個人がもし屈辱や災禍を受け入れて、社会の安全と無事のために重責を背負って前進できれば、天下の主人になれる資格があるのだ！

❖　❖　❖

第七十九章　天道はえこひいきはない

〔第七十九章　天道無親〕
和大怨、必有余怨。安可以為善。是以聖人執左契、而不責於人。有徳司契、無徳司徹、天道無親、常与善人。

根深い怨みを和解させても、必ずあとまで怨みが残るものである。それで適切な処置と言えるのだろうか？　だから、聖人は借金の証拠となるものを持っていても、厳しく取り立てて人を困らせるようなことはしない。徳のある人は寛容に契約を管理し、徳のない人は専ら契約の履行を迫るのだ。上天の道は、人を親しいか親しくないかで区分することなく、いつでも善良な人を助けてくれる。

❖　❖　❖

深刻な怨みを和解するには、莫大な代償を払う必要がある。こうなると、罪のない人にも影響が及ぶ恐れがあり、その怨みを解決できなくなり、最後にはみんなが納得できずに終ってしまう。だから、互いに恨みで報復したくないのであれば、最初から人と怨みで結ばれないことなのだ。

聖人の方法は、契約の精神を履行して他人を非難しないことである。この信頼は聖人の資質による力量であり、強大な影響力があるので、周りの人もかき立てられて同じ徳の行いをするようになる。人の胸中に信念がある時、自分の行為を制限できる。これは「縄で結んでいないのに解くことができない」の徳によって治められる効果である。

徳の行いが深く厚くなれば、深刻な恨みを和解でき、寛容な了解が得られる。人を許すことは自分を見逃すことにもなり、許すことがなくなるまで許すとは、生命への大きな祝福である。天道は親しいか親しくないかで区別することはないが、何故善良な人を助けるのだろうか？　どうしてかというと、あなたが天道と調印したからである。あなたが自分の厚徳を現した時、天道は必ずやって来て義務を果たしてあなたに報いてくれるのだ。

第八十章　安らいで調和する社会

〔第八十章　和諧社会〕
小国寡民、使有什伯之器而不用、使民重死而不遠徙。雖有舟与、無所乗之、雖有甲兵、無所陳之。使民復結縄而用之。甘其食、美其服、安其居、楽其俗。鄰国相望。雞犬之声相聞、民至老死、不相往来。

住民の少ない小さな国では、様々な器具があっても使わないようにさせ、死ぬまで遠くの村に行こうとは思わせないようにする。車や船があっても乗る必要はなく、鎧や武器があってもそれらを使う必要がない。あたかも純朴な時代を再び回復したのだと人々に感じさせる。国もうまく治まり善と美を尽くしていて、人々は自分たちの食べ物をうまいと思い、自分たちの衣服に満足し、自分たちの居場所に落ち着いて住み、自分たちの習俗を楽しいとする。隣の国はお互いに望見でき、鶏や犬の鳴き声が聞こえる。しかし、人々は死ぬまで互いに往来したりはしないだろう。

老子が描くのは一幅の天下大同の美しい光景である。そこは戦乱や紛争のない世界である。また、整然とした秩序があり、衣食の足りた社会であると同時に、純朴、善良、尊道、徳貴の美しい郷里でもある。

❖　❖　❖

人類は正しく自己認識をしなければならない。自然の生態は私たちの生存が頼りとする母親であり、私たちの生活は永遠に自然の生態を破壊しないことを前提としている。人と人との間、人と天地との間では、自然と和諧することを保持して、生命の自然への熱い思いを尊重するに越したことはない。そうでなければ、犠牲者は間違いなく人類自身である。

素朴、平等、静かな生活への回帰は、既に現代人が追及する主なテーマとなっている。重苦しい中で、一人一人の内心は平穏で静かな生活を声高に求めている。人類は真の幸福感と獲得感を得るために、精神と物質を同時に昇格させなければならない。老子が説く和諧する社会の根本は、人の心が「道」に適うことである！

第八十一章　為して争わない

〔第八十一章　為而不争〕
信言不美、美言不信。善者不辯、辯者不善。知者不博、博者不知。聖人不積、既以為人己愈有、既以与人己愈多。天之道、利而不害。聖人之道、為而不争。

真実を述べる言葉は美しくはなく、美しい言葉は真実を述べていない。善人は巧みな論争はしない。巧みに論争をする人はきっと善人ではない。本当のことを知る人は雑なことに広く通じているのではない。雑学者はきっと本当のことを知らない。聖人は自分のための蓄積はしないで、他の人を助けたり与えたりと尽力しているけれど、反って自分は満ち足りている。上天の道（やり方）は万物を利しても害さず、聖人の道（やり方）は奉献しても争わないのだ。

❖　❖　❖

本章は『道徳経』の総括である。掉尾の「天の道は利して害さず、聖人の道は為して争わず」は、五千言の中で画竜点睛の一筆に相当する。老子は、社会生活における人や物との関わり方に関する五つの基本原則を提案している。

第一、信頼に足る言葉は美しくなく、美しい言葉は信頼するに足らない。誠意から出た言葉は、往々にして聞いていて、いい気持ちにさせない。

第二、善人は自分のことを弁解しない。自分のことを上手に弁解する人は善人ではない。人と論争する必要はなく、自分のことをしっかりやることが重要なのだ。

第三、本当のことを知る人は博識ではない。博識の人は本当のことを知らない。正しい知識と卓見のある人は滔々としてないけれど、とぎれることはない。

第四、聖人は自分のために貯めこまない。人のためにしたり与えたりしているが、反って自分の持ち物は多くなる。分かち合えば合うほど、ますます豊富になる。

第五、天道のやり方は、利益を与えても害することはしない。聖人のやり方は、人のために行っても争うことはしない。自分のやるべきことに専念すれば、往々にして争わずに得られものなのだ。

この五つの原則を実践すれば、有道の人になれる。だから、『道徳経』を読んで学んだことを着実に実修すれば、実効を実証できるのだ！ 結局のところ「世の中に難しいことなどなく、肝心なのは志があるかどうか」であり、修道は難しいことではないけれど、恒心（変わらない心）が重要である。志のある人は、必ずや自分のやりたいことを成し遂げられるのである！

訳者あとがき

趙妙果氏は活動の拠点をタイのカンチャナブリ県におく現代中国女性である。日本において既に、『道徳経を学ぶ』と『道徳経悟道心得』の二冊が株式会社明徳出版社より出版済みであるので、この『道徳経簡読本』が三冊目になる。女性によって書かれた『道徳経』に関する本は大変珍しいが、老子が主張する柔弱という概念が女性的であることを考えると、もっと多くの女性が執筆してもよさそうなものである。

著者は『道徳経』を読んで数年間にわたる病気の苦しみから解放され、その後の人生の目的が『道徳経』を縁のある多くの人々に広めることになったことが動機となって執筆を始められたようです。従って、三冊とも内容からして人が幸福になるための実践、さらには実修書なのである。

本書の序言で著者は、「この夢(幸福で円満な人生)を実現するためには、生命の価値を補充する「実修」に進まなければならない。実修とは、自己をよく見つめ、欲望を降伏させ、執着を放下し、よく学んで用いることであり、実修は生命の根本問題を解決できるのである」と述べている。『道徳経悟道心得』では各章に実践に関わる十の心得が書かれているが、本書ではそれらをさらに密度を上げて一つの文章にまとめてあり、十の心得を実修に役立つ内容にしたと言えるのである。

趙妙果氏は、実修を通して「道」を人生の頼れる支柱にしたらと説いているのである。考えてみれば、「道」は万物の根源であり、万物は「道」の法則に従って存在しているので、私たち自身も道体の一部でもあるわけです。各章を読んでこのことにも気付いて欲しいということが著者の望んでいることのように思えます。

翻訳については『道徳経』本文の改訂と箇読文の第一章から第三十九章までを私が行い、箇読文の第四十章より後半を丁建軍氏が訳されたものを日本語として読み易いように仕上げました。校正においては前回同様明徳出版社の佐久間保行氏並びに向井徹氏にお世話になりました。最後になりましたが、再び翻訳を一任してくださった趙妙果氏に深謝致します。

二〇二三年三月　　田畑　治樹

連絡先
田畑　治樹　es.tabata@jcom.zaq.ne.jp

株式会社 明徳出版社 ～書籍購入ご案内～

URL : http://rr2.e-meitoku.com

E-mail : info@meitokushuppan.co.jp

道徳経簡読本

2023年 5月 7日 初版印刷
2023年 5月 21日 初版発行

著　　者　趙　妙　果
訳　　者　田畑治樹・丁建軍
発 行 者　佐久間保行
発 行 所　㈱明徳出版社

〒167-0052 東京都杉並区南荻窪 1-25-3
電話 (03) 3333-6247 振替 00190-7-58634

印刷・製本　㈱興学社

乱丁・落丁の場合はお取替えします。ISBN978-4-89619-321-3